D1748446

SYMBOL DER LIEBE UND DES LEBENS

Gerd Babelotzky

SYMBOL DER LIEBE UND DES LEBENS

GEISTLICHE BETRACHTUNGEN ZU REBSTOCK UND WEIN

pilger gmbh
verlag

Bibliografische Information der Deutschen Bibliothek:

Die Deutsche Bibliothek verzeichnet diese Publikation in der Deutschen Nationalbibliografie; detaillierte bibliografische Daten sind im Internet über: <http://dnb.ddb.de> abrufbar.

Impressum

ISBN 978-3-942133-77-7
© Autor und Verlag
Gesamtherstellung: Pilgerverlag GmbH | D-76855 Annweiler
www.pilgerverlag.de

INHALT

VORWORT 7

DER WEINSTOCK – BAUM DES LEBENS 9
DER LEBENSBAUM 11
DIE WURZELN 13
DIE PFROPFREBE 15
DIE BINDUNG 17
DER SCHNITT 19
DIE FRUCHT 21
DER WEINBERG – EINHEIT IN VIELFALT 23
DER WINZER 25
NOAH UND DER NEUANFANG DES LEBENS IM BUND MIT GOTT 27
DEM LEBEN ENTGEGEN 29
WEINBERG UND WEINSTOCK – DRAMA DER HEILSGESCHICHTE 31
JESUS DER WAHRE WEINSTOCK – DIE ERLÖSUNG 33

DER WEIN IM WERDEN – PHASEN DES LEBENS UND DER LIEBE ... 35
DER SÜSSE ANFANG 37
DIE WACHSTUMSKRISE 39
JESUS DER KELTERTRETER 41
REIFUNG UND KLÄRUNG 43

DER KLARE WEIN – GENUSS UND WIRKUNG … 45
WEIN – ELIXIER DES LEBENS … 47
FREUDE UND GEMEINSCHAFT … 49
DER WEIN – HEILMITTEL FÜR LEIB UND SEELE … 51
MASS UND UNMASS … 53
JESUS – „DER FRESSER UND SÄUFER" … 55
DER WEIN UND DAS GIFT … 57
DEN KELCH TRINKEN … 59

REBSTOCK UND WEIN – ZEICHEN DES HEILS … 61
DIE HOCHZEIT VON KANA – DER LEBENSENTWURF JESU … 63
DER BAUM DES LEBENS GANZ NEU … 65
LEBEN IM BAUM DES LEBENS … 67
DAS ABENDMAHL … 69
DER HIMMEL … 71

BILDNACHWEISE … 72

VORWORT

„Sobald sich Saft in der Traube findet, sagt man: Verdirb sie nicht; denn es ist Segen drin."

Dieses Gotteswort aus dem Buch des Propheten Jesaja (Jes 65,8) lässt schon ahnen, dass der Rebstock mit seinen gesegneten Früchten ein ganz besonderes Gewächs auf unserer Erde ist.

Um wie viel mehr Segen muss der Saft dieser Früchte enthalten, wenn er zum köstlichen Wein vergoren ist, dem man einen fast sakramentalen Charakter zusprechen kann; denn schließlich ist ein Sakrament nichts anderes als ein äußeres Zeichen, in dem eine innere Gnade wirkt. Diese Gnade kann jeder sofort spüren, der einen guten Wein genießt, der sein Herz erwärmt und erfreut (vgl. Ps. 104).

Das haben auch schon Heiden erkannt wie z.B. Hammurabi, der wohl bekannteste Herrscher Babylons im 18. Jahrhundert vor Christus. Er sagt: „Der Wein gehört zu den kostbarsten Gaben dieser Erde. So verlangt er Liebe und Respekt, wir haben ihm Achtung zu erweisen."

Und wohl aus dem gleichen Grund hat Jesus den Wein zusammen mit dem Brot als bleibendes Zeichen seiner Gegenwart erwählt und ihn zum Element des Sakramentes der Eucharistie gemacht, in dem wir Gottes heilende Liebe erfahren können.

Liebe und Leben aber gehören auf's engste zusammen. Ohne Liebe kein Leben, das diesen Namen wirklich verdient. Für beide steht der Wein als Symbol. Es gibt also Grund genug darüber nachzudenken, warum das so ist, zumal wenn man in einer Weingegend wohnt und täglich an zahllosen Weinstöcken vorüber läuft.

Um ihm die von Hammurabi geforderte Achtung zu erweisen und über die fachkundigen Publikationen zu Rebstock und Wein hinaus ihre geistliche und biblische Bedeutung ins Licht zu heben, habe ich diese Betrachtungen geschrieben, die sich aus den zahllosen Biblischen Weinproben ergeben haben, die ich im Lauf der letzten 25 Jahre gehalten habe.

Ich wünsche allen Leserinnen und Lesern eine besinnliche und anregende Lektüre.

Gerd Babelotzky

DER WEINSTOCK
– BAUM DES LEBENS

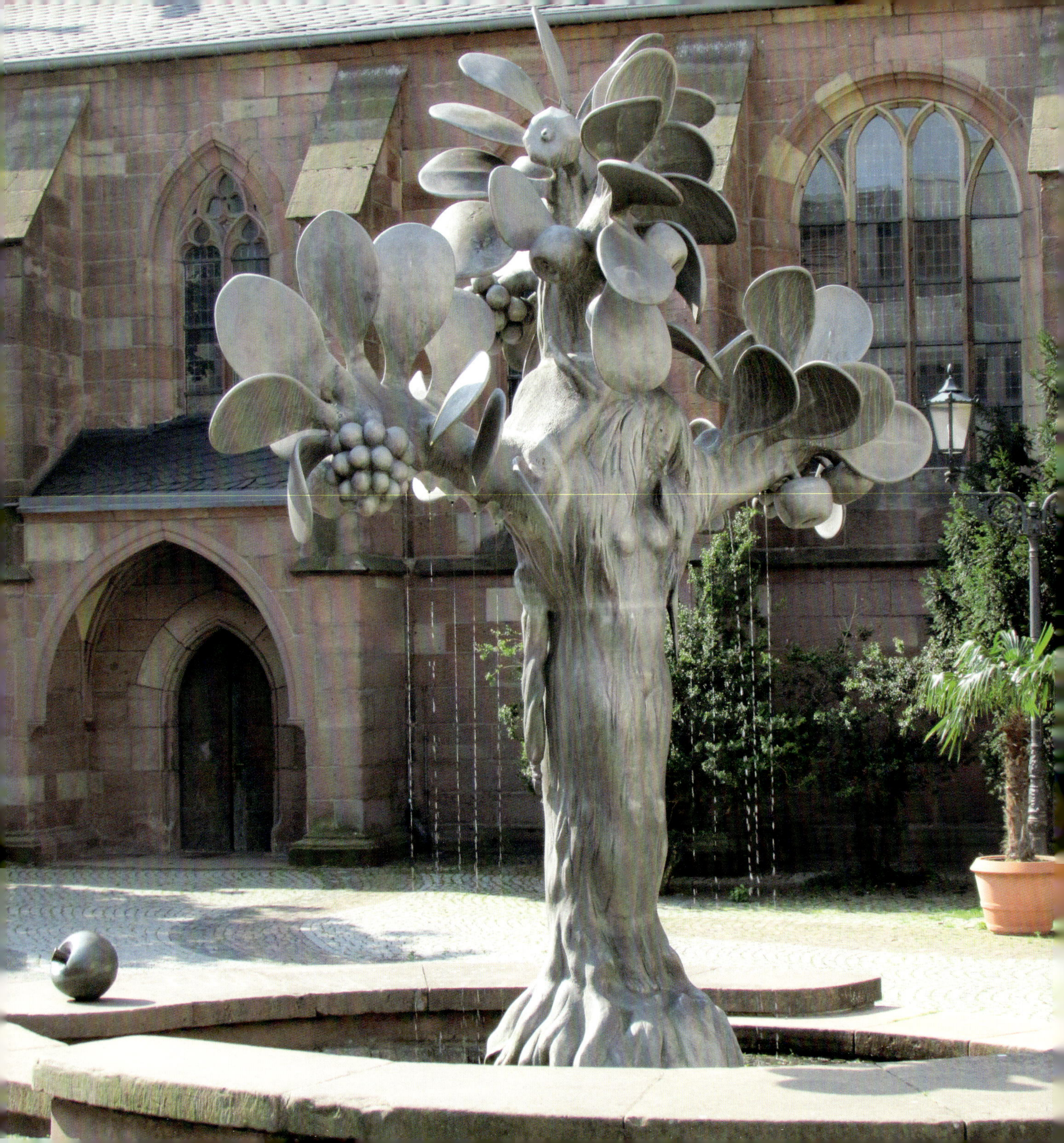

DER LEBENSBAUM

„Gott, der Herr, ließ aus dem Ackerboden allerlei Bäume wachsen, verlockend anzusehen, in der Mitte des Gartens aber den Baum des Lebens und den Baum der Erkenntnis von Gut und Böse" (Gen 2,9)

Was für Bäume könnten damit gemeint sein?

Viele sehen im Baum der Erkenntnis einen Apfelbaum. Davon zu essen hat Gott den Stammeltern verboten. Es dennoch zu tun, war schlecht. Ob die Römer deswegen im Klang des Begriffes für den Apfel auch das Böse anklingen ließen: „malum"? Die Stammeltern haben es trotz des göttlichen Verdikts getan, und wohl darum legte Prof. Gernot Rumpf einen angebissenen Apfel an seinen Paradiesbrunnen auf dem Kartoffelmarkt in Neustadt an der Weinstraße.

Aber er lässt auch Trauben an diesem Baum des Paradieses wachsen und hat damit offensichtlich beide Bäume in einem dargestellt; denn der Baum des Lebens muss zweifellos ein Weinstock sein. Auch das haben die Römer klar erkannt, wenn sie aus dem gleichen sprachlichen Stamm heraus formulierten: in vite vita = im Weinstock ist das Leben! Vor ihnen haben das wohl auch schon die Sumerer entdeckt. Wie denn sonst wären sie auf die Idee gekommen, den Weinstock „Kraut des Lebens" zu nennen und als Zeichen für das Leben ein Weinblatt zu nehmen?

Der beste Gewährsmann für diese These ist aber Jesus selbst, wenn er einerseits von sich sagt: „Ich bin der Weinstock" (Joh 15, 5) und andererseits: „Ich bin das Leben" (Joh 14, 6), d.h. Weinstock und Lebensbaum sind das Gleiche. Das sieht auch Rudolf Bultmann in seinem Kommentar zum Johannesevangelium so und viele andere mit ihm.

Die sakrale Kunst hat sich daran wohl orientiert, wenn sie oft genug das Kreuz als Weinstock, d.h. als Lebensbaum darstellt.

Aber Leben – was ist das?

Leben ist ein Glück, oder nicht? Wenn es kein Glück ist, ist es dann noch Leben? Ein Symbol des Glücks ist zweifellos der Wein. So schreibt Jesus Sirach: *„Wie ein Lebenswasser ist der Wein für den Menschen, wenn er ihn mäßig trinkt. Was ist das für ein Leben, wenn man keinen Wein hat? Frohsinn, Wonne und Lust bringt Wein zur rechten Zeit getrunken!"* (Sir 31,27.28)

Glück, meint Viktor Frankl, kann allerdings nicht direkt angesteuert werden. Es ergibt sich als Frucht von Sinn. Auch der Wein kann nicht direkt angesteuert werden. Er ist Frucht eines langen Weges, von der Pflanzung bis zum Ausbau im Keller.

Ob dieser Weg uns etwas lehren kann über unser eigenes Leben?

Dem wollen wir jetzt nachgehen.

« *Der Paradiesbrunnen von Prof. Gernot Rumpf in Neustadt an der Weinstraße*

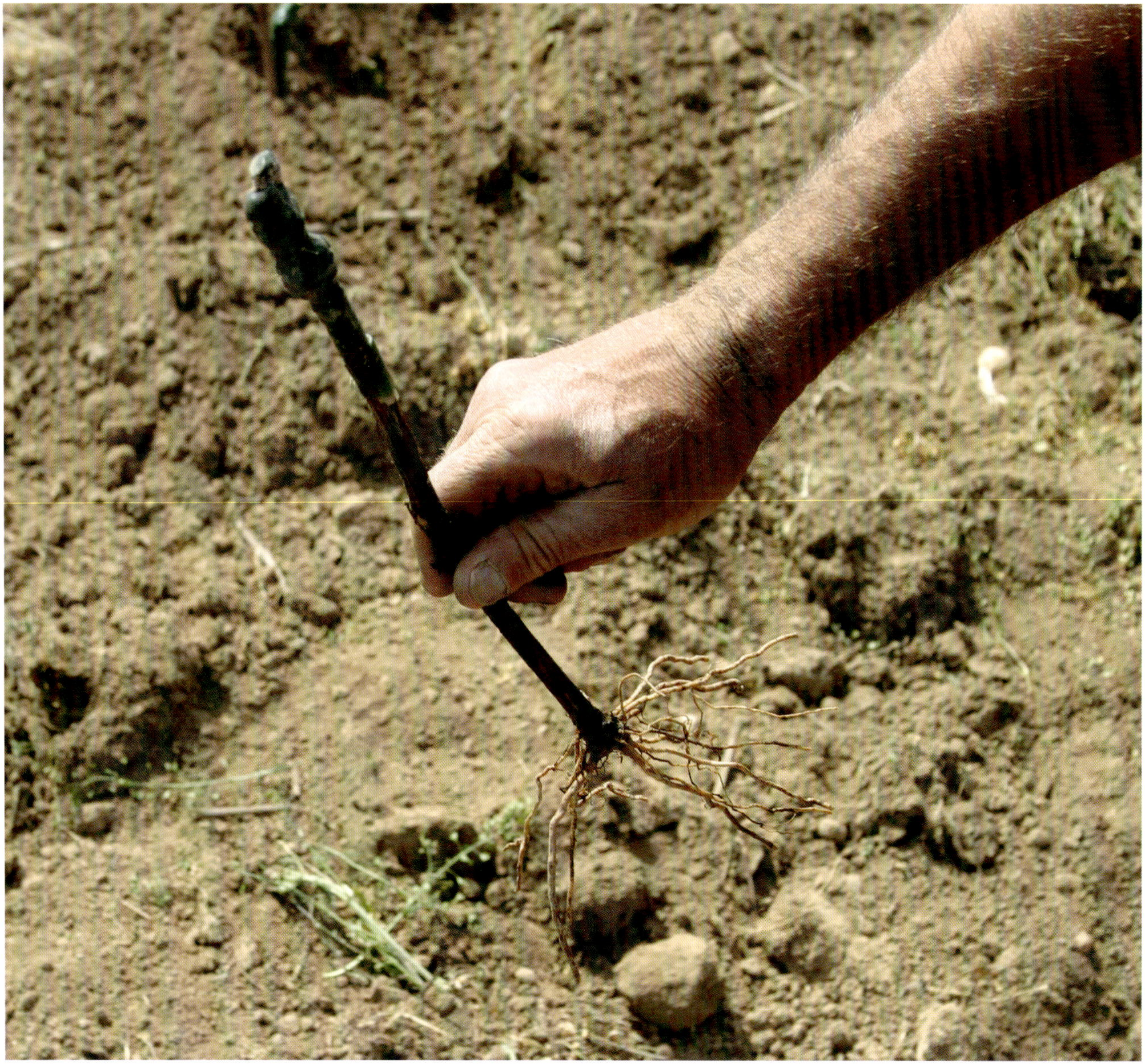

DIE WURZELN

Wurzeln sind wichtig
- für die Nahrungsaufnahme
- für die Standfestigkeit
- für die Lebenskraft

Wer tiefe Wurzeln hat,
- kann auch längere Dürreperioden überstehen
- fällt nicht so leicht um
- kommt an die Wasser der Tiefe
- Kann hoch hinaus wachsen
- bleibt gesund

Ein Rebstock hat lange und tiefe Wurzeln. Sie sind länger als man denkt: 10m, ja sogar bis 20m können sie tief in den Boden gehen, wo sie sich verzweigen und auch in kargen Böden noch genug Nahrung und Wasser finden, so dass der Rebstock auch heiße und trockene Sommer gut überstehen kann. Nicht anders ist es doch bei uns Menschen. Je tiefer unsere Wurzeln reichen, umso mehr Kraft haben wir zum Leben. Aber was bedeutet das: Wurzeln haben und aus den Wurzeln leben?

Wurzeln ziehen und aus der Wurzel leben:

- Auftanken in der freien Natur mit ihrer frischen Luft und landschaftlichen Schönheit
- Freude, Mut und Kraft ziehen aus dem Wissen: da sind und waren Leute, die mich mögen: meine Eltern, meine Familie, meine Freunde und hinter allen GOTT, der sagt: „Ich habe Dich bei Deinem Namen gerufen"
- genießen, was mir geschenkt wird,
- ausruhen in den freien Zeiten,
- Rat suchen, bei denen, die es gut mit mir meinen,
- Träume haben und leben,
- etwas schaffen und leisten,
- mich dankbar und stolz an das erinnern, was mir gelang
- gute Gespräche führen,
- durch Versöhnung Blockaden des Lebens beseitigen,
- denen helfen, die mich brauchen,
- Ruhe finden in Gebet und Meditation.

„Gesegnet der Mann, der auf den Herrn sich verlässt und dessen Hoffnung der Herr ist. Er ist wie ein Baum, der am Wasser gepflanzt ist und am Bach seine Wurzeln ausstreckt; er hat nichts zu fürchten, wenn Hitze kommt; seine Blätter bleiben grün; auch in einem trockenen Jahr ist er ohne Sorge, unablässig bringt er seine Früchte". (Jer 17,7.8).
„Ihr habt Christus Jesus als Herrn angenommen. Darum lebt auch in ihm! Bleibt in ihm verwurzelt und auf ihn gegründet und haltet an dem Glauben fest, in dem ihr unterrichtet wurdet. Hört nicht auf zu danken!" (Kol 2,6.7)

« Rebe kurz vor der Pflanzung

14

DIE PFROPFREBE

Eigenartig ist das schon: da wird einem Gewächs ein anderes aufgepfropft, und schon ändert es seinen Charakter. Das ist auch bei der Rebe so. Eine reblausresistente amerikanische Wildrebe wird zu einer Pfälzer Edelrebe einfach dadurch, dass diese ihr durch einen sogenannten Omegaschnitt aufgepfropft wird.

Das hat Symbolcharakter auch für den Menschen; denn seine Ausgangslage hat sich durch den Sündenfall so verändert, dass Gott beim Propheten Jeremia klagt:

„Ich aber hatte Dich als Edelrebe gepflanzt, als gutes edles Gewächs. Wie hast Du Dich gewandelt zum Wildling, zum entarteten Weinstock!" (Jer 2,2)

Was tun? Eine Edelrebe aufpfropfen und so die ursprüngliche Qualität wieder herstellen!

So kann man auch die Taufe verstehen, allerdings in umgekehrter Richtung, nämlich so, dass wir in Jesus, den wahren Weinstock eingepfropft und dadurch geheilt und veredelt werden, ähnlich wie Paulus das im Blick auf einen Ölbaum beschreibt: *„Wenn aber einige Zweige herausgebrochen wurden und wenn du als Zweig vom wilden Ölbaum in den edlen Ölbaum eingepfropft wurdest und damit Anteil erhieltest an der Kraft seiner Wurzel …"* (Röm 11,17)

„Ich bin der wahre Weinstock", sagt Christus, *„… wer in mir bleibt, und in wem ich bleibe, der bringt reiche Frucht; denn getrennt von mir könnt Ihr nichts vollbringen. Wer nicht in mir bleibt, wird wie die Rebe weggeworfen und er verdorrt"* (Jo 15, 5b.6).

In der Taufe und durch den Glauben erhält der Mensch ein komplett neues Lebensprinzip: den Geist Gottes. Dieser befähigt ihn dazu, von oben her zu leben, von Gott her und nicht mehr von unten, vom Willen des „Fleisches" wie die Bibel sagt. Ein bekanntes Lied aus dem katholischen Gesangbuch bringt das sehr schön zum Ausdruck:

*1. Ich bin getauft und Gott geweiht
durch Christi Kraft und Zeichen;
das Siegel der Dreieinigkeit
wird niemals von mir weichen.
Gott hat mir seinen Geist geschenkt,
ich bin in Christus eingesenkt
und in sein Reich erhoben, um ewig ihn zu loben.*

*2. Aus Wasser und dem Heilgen Geist
bin ich nun neu geboren;
Gott, der die ewge Liebe heißt,
hat mich zum Kind erkoren.
Ich darf ihn rufen „Vater mein";
er setzte mich zum Erben ein.
Von ihm bin ich geladen
zum Gastmahl seiner Gnaden.*

*3. Christus der Herr hat mich erwählt,
ihm soll ich fortan leben.
Ihm will ich dienen in der Welt
und Zeugnis für ihn geben.
So leb ich nicht mehr mir allein,
sein Freund und Jünger darf ich sein.
Ich trage seinen Namen;
sein bleib ich ewig. Amen.* Friedrich Dörr

« *Eingepfropft: Wild- und Edelrebe*

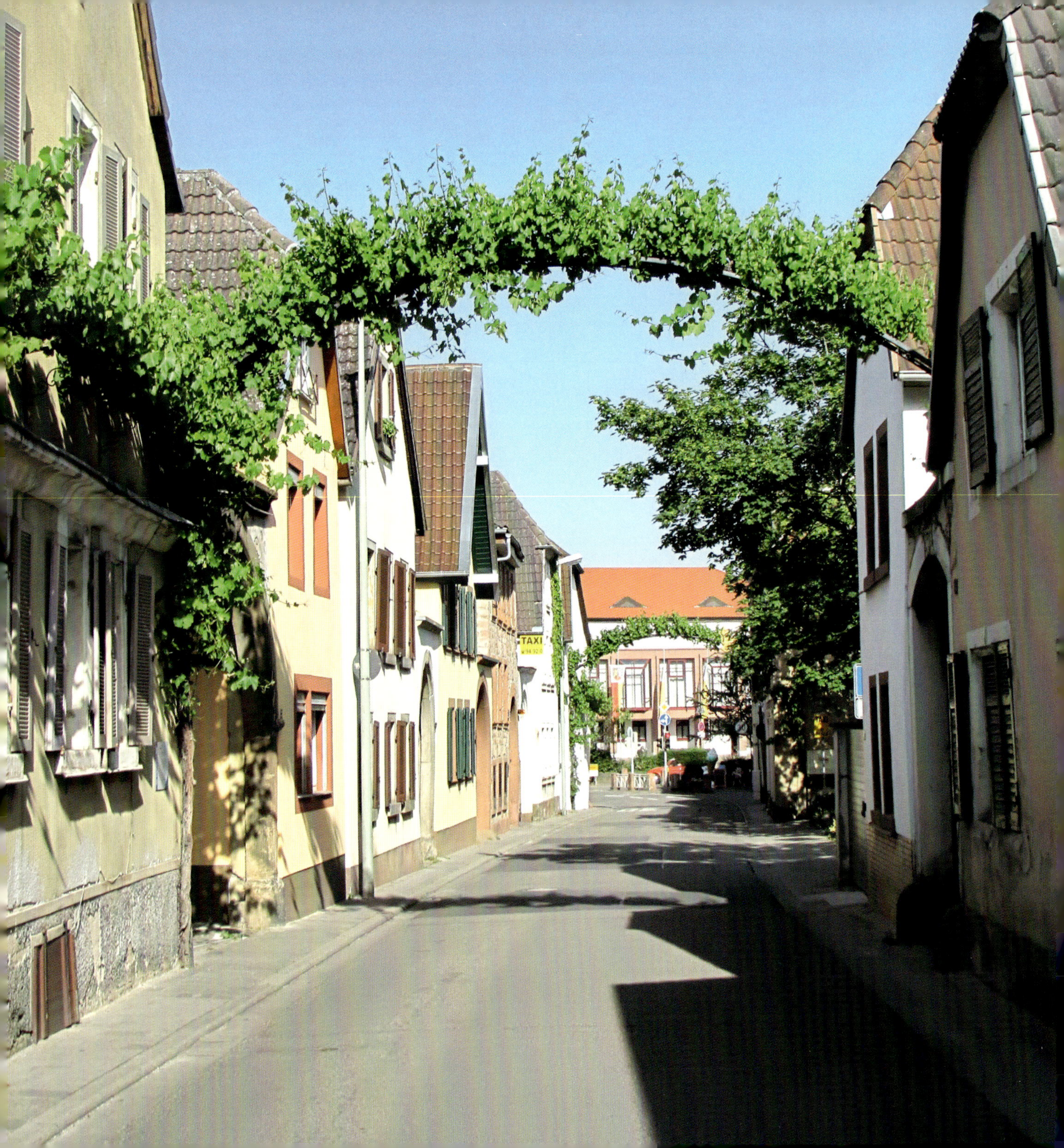
TAXI

DIE BINDUNG

„Freiheit sei der Zweck des Zwanges,
Wie man eine Rebe bindet,
Dass sie statt im Staub zu kriechen,
froh sich in die Lüfte windet."

(Friedrich Wilhelm Weber, Dreizehnlinden)

Bindung, eine Hilfe zum Leben?

Wer will sich heute noch binden:

Als Mann an eine Frau,
als Frau an einen Mann?

Als verantwortliches Mitglied
an einen Verein, eine Partei?

Als Christ an die Kirche?

Als Mensch an Gott?

Der Weinstock tut es. Nein, er wird nicht nur gebunden, wie Friedrich Wilhelm Weber sagt, er bindet sich sogar selbst an Bäume und Sträucher, an Drähte und Pfähle, wo immer seine Ranken einen Halt finden, und wächst und wächst und wächst in die Höhe an Hauswänden und Bäumen und in die Länge, sogar über Straßen und Plätze. Die anderen geben ihm Halt und tragen ihn und seine süßen, schweren Früchte mit.

Und er sagt: Bindung ist keine Abhängigkeit, keine Einengung der Freiheit und des Wachstums sondern vielmehr seine Ermöglichung.

„Religion" kann man mit „Rückbindung" übersetzen. Auch wir Menschen sind Bindegewächse. Ohne Halt bei Eltern und Partnern, bei Freunden und Kollegen, ohne Halt bei Gott, halten wir nicht stand. Nur mit ihrer Hilfe erreichen wir die Höhen, zu denen wir berufen sind. Nur in der ständigen Rückbindung an Gott wird es uns gelingen, von der Erde in den Himmel zu wachsen. Ob es nicht Zeit wäre, uns das in Erinnerung zu rufen?

„Die sichere Bindung zu einer Bezugsperson ist die wichtigste Bedingung, damit sich das Kind mit gelöster Aufnahmebereitschaft der Welt zuwendet. Sicher gebundene Kinder besitzen eine hohe emotionale Stabilität. Dadurch sind sie in der Lage, altersangemessene Formen der Autonomie und des Sozialverhaltens zu entwickeln. Sie können ihre kognitiven und kreativen Potenziale entfalten und ihre Kompetenzen ideal einsetzen." (Edith Ostermayer)

„Binde uns immer mehr an Dich, damit in uns wächst, was gut und heilig ist."

(Tagesgebet 22. Sonntag im Jahreskreis)

« *Rebenbogen in Edenkoben in der Pfalz*

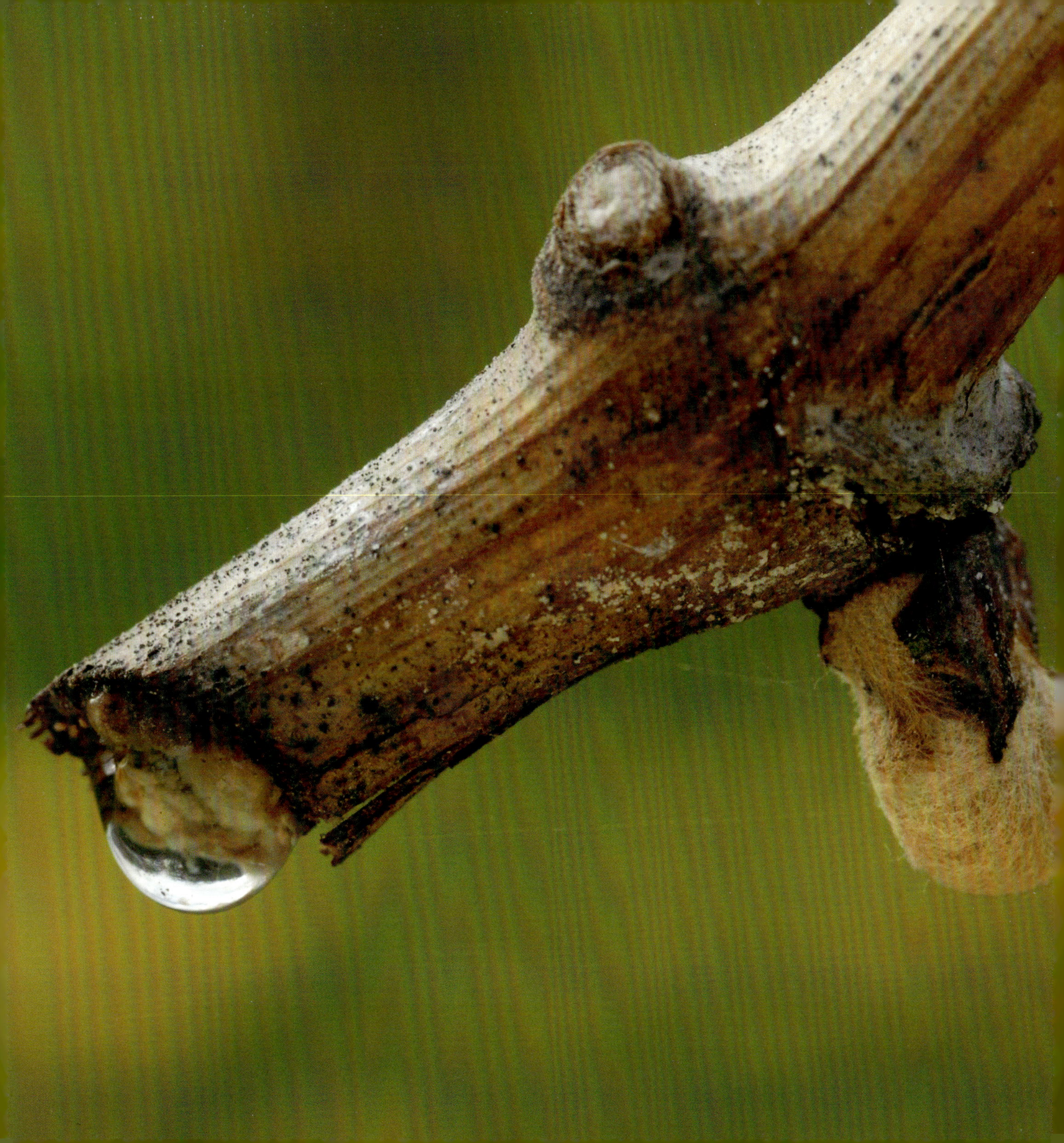

DER SCHNITT

Auswählen und entscheiden

Viele Reben strecken sich zum Himmel. Alle könnten Frucht bringen, aber der Winzer lässt sie nicht und schneidet alle ab bis auf eine oder zwei – so in der Regel. Warum? Ganz einfach um der Qualität willen. Er will nicht Masse sondern Klasse, nicht so sehr viele Trauben sondern gute.

Genauso ist es ja auch im Leben: Ich kann nicht alles haben, was ich mir wünsche, nicht alle Berufe ergreifen, die ich gerne ausüben würde, nicht alle Frauen oder Männer heiraten, die mir gefallen, nicht alle Möglichkeiten wahrnehmen, die sich mir bieten – ich muss mich beschränken und darum auswählen und entscheiden, was ich will. Und das ist gut so.

Darum schreibt J. W. von Goethe in seinem Sonett „Natur und Kunst": *„Wer großes will muss sich zusammen raffen. In der Beschränkung zeigt sich erst der Meister"*, und schon die Römer empfahlen: *„multum non multa", „tue viel, aber nicht vielerlei"*.

Viel, das ist Qualität und Intensität, Tiefgang und Reife. Entscheidung allerdings setzt Überlegung, Beratung und Unterscheidung voraus (vgl. Ignatius, Papst Franziskus u. a.).

Es tut weh, sich von alternativen Möglichkeiten zu trennen, und auch der Rebstock weint oft genug, wenn er beschnitten wird, aber dann legt er los und bringt herrliche Frucht. Mut und Trauerarbeit sind bei jeder Entscheidung gefordert, aber nur wer sich entscheidet, kommt voran.

Darum meint Martin Buber:
„Und gäbe es einen Teufel, so wäre es nicht der, der sich gegen Gott, sondern der sich in der Ewigkeit nicht entschied." (Aus „Ich und Du", 2. Teil)

Ja oder Nein

Du kannst dir nicht ein Leben lang die Türen alle offenhalten,
um keine Chance zu verpassen.
Auch wer durch keine Tür geht und keinen Schritt nach vorne tut, dem fallen Jahr für Jahr die Türen, eine nach der anderen, zu.
Wer selber leben will, der muss entscheiden:
Ja oder Nein –
im Großen und im Kleinen.
Wer sich entscheidet, wertet, wählt
und das bedeutet auch: Verzicht.
Denn jede Tür, durch die er geht,
verschließt ihm viele andere.
Man darf nicht mogeln und so tun,
als könne man beweisen,
was hinter jener Tür geschehen wird.
Ein jedes Ja – auch überdacht, geprüft –
ist zugleich Wagnis und verlangt ein Ziel.
Das aber ist die erste aller Fragen:
Wie heißt das Ziel, an dem ich messe Ja und Nein?
Und: Wofür will ich leben? (Paul Roth)

« *Ein Schnitt tut weh – der Rebstock „weint"*

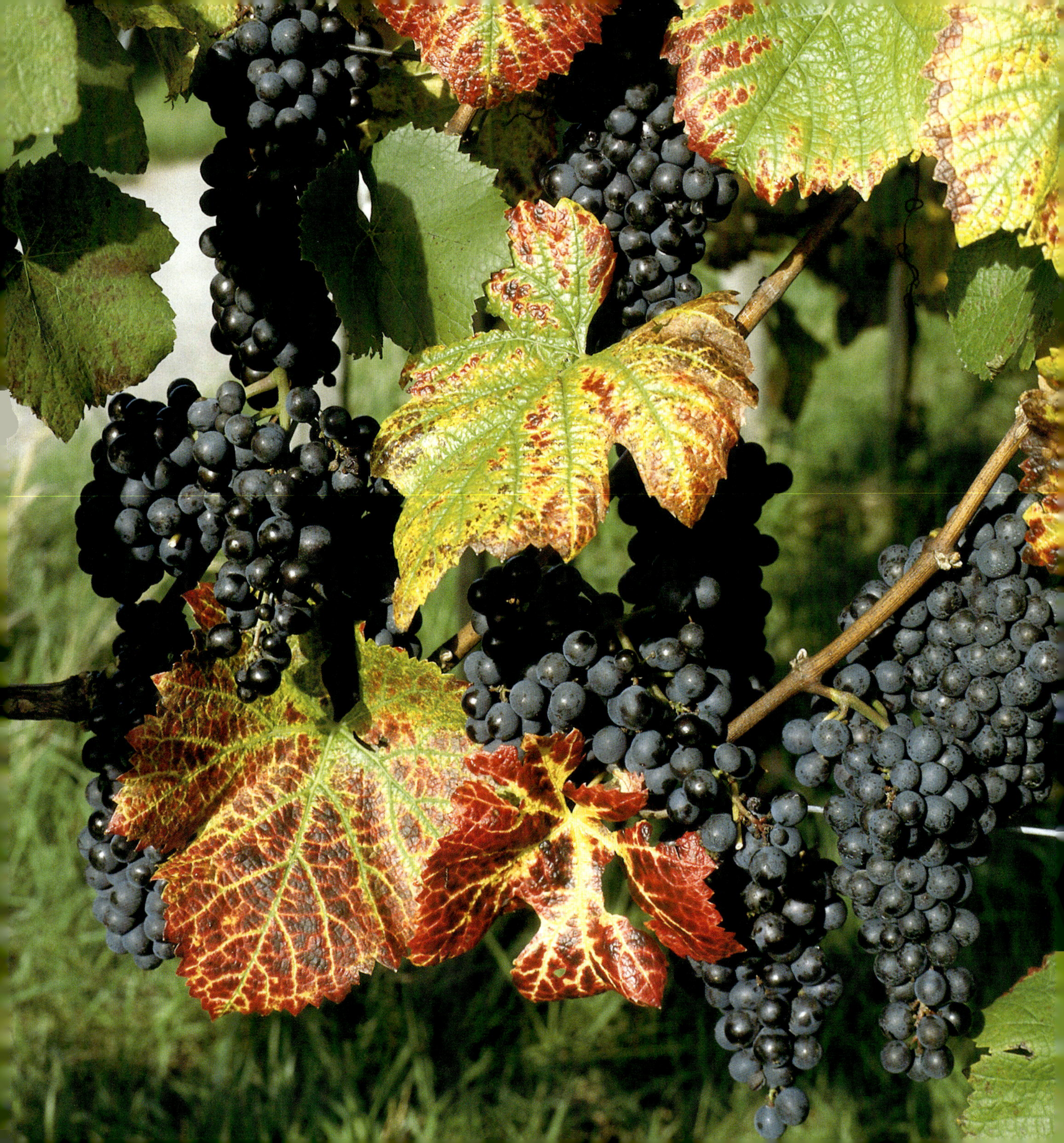

DIE FRUCHT

Die Frucht – darauf zielt alles: die Wurzel, der Rebstock, die Blüte, das Laub, die ganze Pflanze ist darauf hingeordnet, Frucht zu bringen und erfüllt sich darin.

Aber was ist die Frucht? Eigentlich nichts anderes als der Träger eines neuen Lebens. Aus jeder Frucht kann neues Leben entstehen. Die Natur ist da richtig verschwenderisch. Wie viele Kerne sind in einer einzigen der zahllosen Früchte, Samenkörner einer neuen Pflanze!

Aber ist das der Sinn des Lebens, eine immer neue Reproduktion des gleichen Lebewesens? Das kann nicht sein. Schon die Evolution zeigt uns ein Streben nach immer höheren und besseren Lebensformen.

Auch die Traube hat dieses Streben in sich. Sie ist, so könnte man sagen, zu Höherem berufen. Ob Gott beim Propheten Jesaja deswegen gesagt hat, in ihr sei Segen drin? (Jes 65,8 | s. Vorwort)

Dieser Segen kommt jedenfalls voll zum Ausbruch, wenn die Traube gekeltert und ihr Saft zum klaren Wein vergoren ist. Das ist nicht die Wiederkehr des alten Lebens, sondern wie eine Auferstehung zu neuem Leben, ein gutes Bild auch für die Auferstehung Jesu; denn in ihr hat die Evolution einen unglaublichen Sprung nach vorne gemacht, einen „radikalen Mutationssprung" in eine „neue Dimension des Lebens, des Menschseins" hinein, wie Papst Benedikt es einmal formulierte (Jesus von Nazareth III, S. 299). Nicht eine ständige Wiedergeburt des irdischen Lebens ist also das Ziel und die Frucht unseres Daseins sondern die Gewinnung des wahren und ewigen Lebens.

In diesem Sinn sagt Jesus:
„Ich habe Euch erwählt und dazu bestimmt, dass Ihr Euch aufmacht und Frucht bringt und dass Eure Frucht bleibt." (Joh 15, 16)

Und was sind die Früchte, die dieses neue Leben in sich tragen? Paulus gibt im Galaterbrief ein Beispiel dafür: *„Die Frucht des Geistes aber ist Liebe, Freude, Friede, Langmut, Freundlichkeit, Güte, Treue, Sanftmut und Selbstbeherrschung."* (Gal 5, 22.23) Letztlich ist der Geist selbst die Frucht, dieses neue Leben, und nicht von ungefähr scheint an Pfingsten auch wieder der Bezug zum Wein auf, da die Hörer der Pfingstpredigt des Petrus offensichtlich meinten, die Apostel seien betrunken. (Apg 2, 15)

„Und im Herbst, wenn Ihr die Trauben Eurer Weinberge für die Kelter lest, sagt in Eurem Herzen:
‚Auch ich bin ein Weinberg und meine Frucht wird für die Kelter gelesen werden,
und wie neuer Wein werde ich in ewigen Gefäßen bewahrt werden.' Und im Winter, wenn Ihr den Wein zapft, lasst für jeden Becher ein Lied in Eurem Herzen sein; und in dem Lied lasst eine Erinnerung an die Herbsttage und den Weinberg und die Kelter sein." Khalil Gibran

« Gesegnete Früchte

O Christ!
Das that ich für dich
Was thust du für
mich?

Errichtet
im
Jubeljahr 1875
von den Eheleuten
Gabriel Wilhelm
und
Margaretha Ziegler

DER WEINBERG – EINHEIT IN VIELFALT

Sich selber treu bleiben und dennoch Gemeinschaft leben, auch das ist ein Geheimnis gelungenen Lebens, für das der Weinberg Pate stehen kann:

Knorrig sein ohne zu knurren,
beieinander, zueinander, miteinander stehen,
ohne sich im Weg zu stehen,
ohne im andern unterzugehen,
sich sanft vernetzen ohne zu verletzen,
miteinander teilen:
die Erde und den Himmel,
den Frühling und den Sommer,
den Herbst und den Winter,
die Blüte und die Frucht,
den Schnitt und die Ernte,
das Leben und den Tod,
und über allem, mit allem und in allem
den Winzer und Wächter.

Viele Weinstöcke in einem Weinberg,
ein Bild geglückter Gemeinschaft
in Einheit und Vielfalt:

Eine Tiefenschicht in unserer Seele wird angerührt, wenn wir durch Weinberge gehen, das Volk der Rebstöcke betrachten und in ihnen unbewusst uns selber erkennen in unserer Eigenart und Einbindung in die Gemeinschaft.

Und wenn dann in der Nähe noch ein Kirchturm aus dem Rebenmeer ragt oder ein Feldkreuz, erinnert das uns daran, dass wir SEIN Volk sind, wie es schon beim Propheten Jesaja für das auserwählte Volk gegolten hat:

„*Ja, der Weinberg des Herrn ist das Haus Israel.*"
(Jes 5,7)

*Ich will ein Lied singen von meinem geliebten Freund,
ein Lied vom Weinberg meines Liebsten.
Mein Freund hatte einen Weinberg
auf einer fruchtbaren Höhe.
Er grub ihn um und entfernte die Steine
und bepflanzte ihn mit den edelsten Reben.
Er baute mitten darin einen Turm
und hieb eine Kelter darin aus.
Dann hoffte er,
dass der Weinberg süße Trauben brächte …*

*Ja, der Weinberg des Herrn der Heere
ist das Haus Israel
und die Männer von Juda sind die Reben,
die er zu seiner Freude gepflanzt hat.*
(Jes 5, 1-2.7)

« *Weinbergkreuz bei Maikammer*

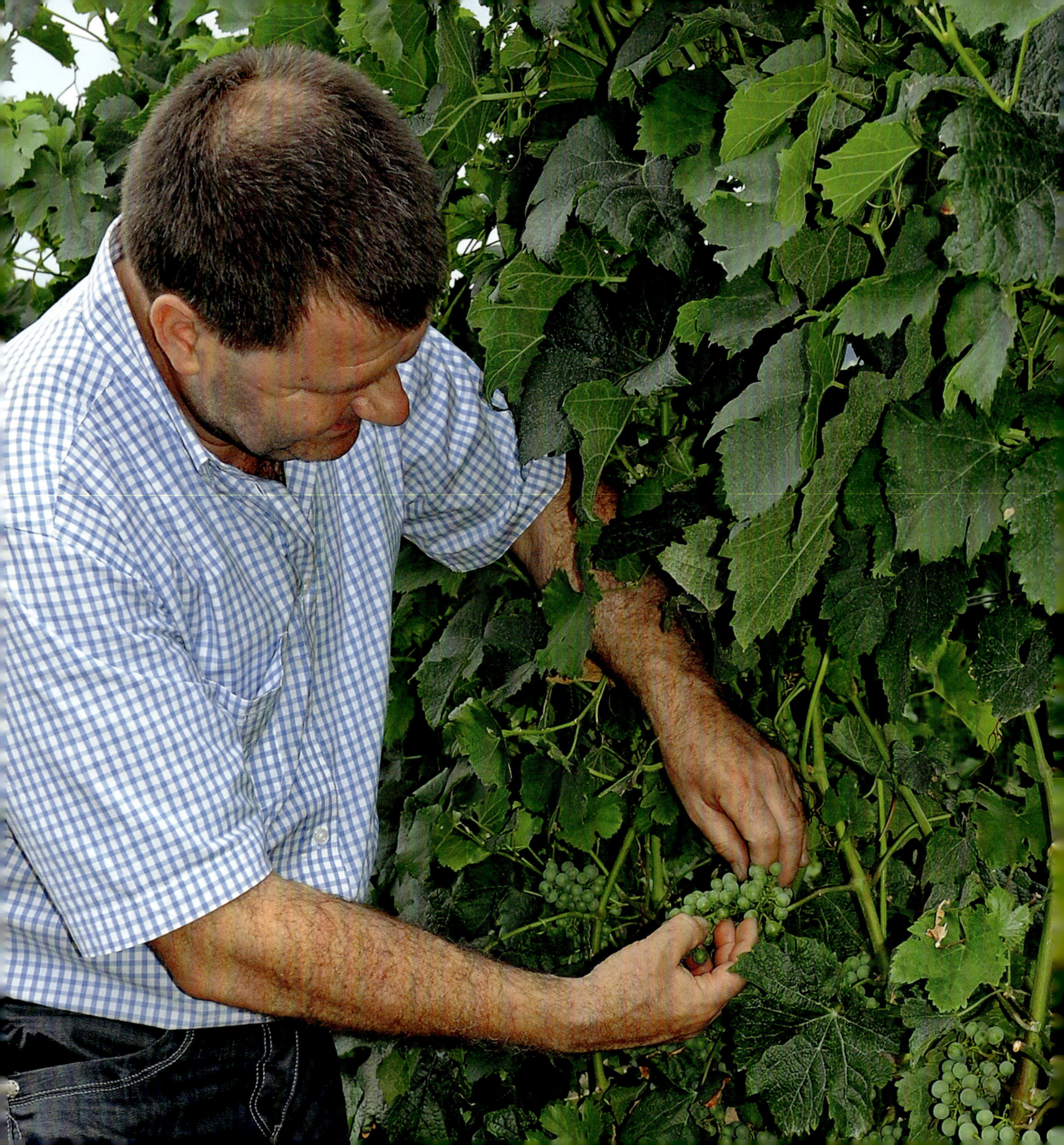

DER WINZER

Einen Weinberg anlegen
und Rebstöcke setzen,
den Boden lockern und mulchen,
die Reben schneiden und binden,
Schädlinge und Krankheiten bekämpfen,
Laub schneiden, einstecken, unten entblättern,
die Trauben lesen, mahlen und keltern,
von Hand oder mit der Maschine,
den Wein im Keller ausbauen
und auf die Flasche bringen,
etikettieren, ihn genießen oder verkaufen,
Kunden umsorgen und Kontakte pflegen
– was für ein schöner Beruf,
der Beruf des Winzers!

Es ist fast eine persönliche Beziehung, die er zu den einzelnen Rebstöcken hat, um die er viele Male im Jahr „herumgeht", und in dieser Beziehung gilt auch, was Martin Buber in seinen Schriften über das Dialogische Prinzip schreibt: „Ich werde am Du".

Am Weinstock wird der Gärtner oder Landwirt zum Winzer und unter seinen sorgenden und pflegenden Händen entfaltet sich der Rebstock zu Blüte und Frucht, zu dem, was seine Bestimmung ist.

So ist es auch mit Gott und mir. Ich verdanke meine Existenz seinem Willen, und indem ich mich hinein gebe in die Beziehung zu ihm, ihn an und in mir wirken lasse, mich führen und leiten lasse von seinem Geist, erreiche ich das wozu ich bestimmt bin: die Blüte und Frucht meines Lebens, das ewige Leben.

Diese Verheißung gilt bei Jesaja dem ganzen Volk Israel und damit auch dem neuen Volk Gottes:

„An jenem Tag gibt es einen prächtigen Weinberg. Besingt ihn in einem Lied! Ich, der Herr, bin sein Wächter, immer wieder bewässere ich ihn. Damit niemand ihm schadet, bewache ich ihn bei Tag und Nacht. Fände ich Dornen und Disteln darin, ich würde sie alle bekämpfen, ich würde sie alle zusammen verbrennen.

In künftigen Tagen schlägt Jakob wieder Wurzel, Israel blüht und gedeiht, und der Erdkreis füllt sich mit Früchten." (Jes 27)

„Mein Vater ist der Winzer. Jede Rebe an mir, die keine Frucht bringt, schneidet er ab und jede Rebe, die Frucht bringt, reinigt er, damit sie mehr Frucht bringt." (Joh 15,1.2)

« *Prüfender Blick von Winzer Klaus Mesel*

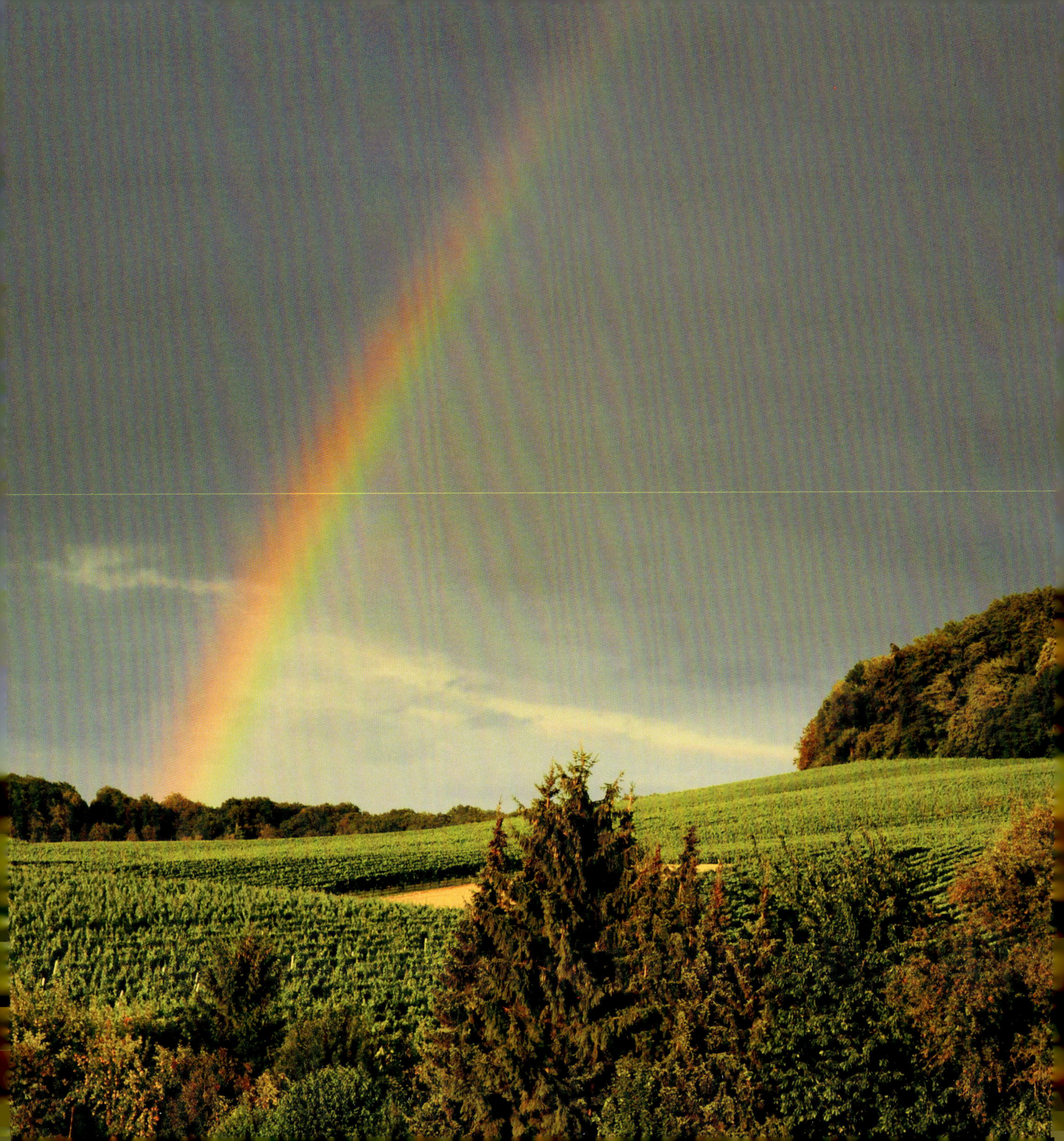

NOAH UND DER NEUANFANG DES LEBENS IM BUND MIT GOTT

„Noah wurde der erste Ackerbauer und pflanzte einen Weinberg" (Gen 9,20) – ja, da ist er wieder, der Baum des Lebens nach dem Untergang fast allen Lebendigen in der großen Flut – das Leben fängt ganz neu an.

Dabei hatte es nach der Vertreibung aus dem Paradies noch geheißen: *„Er vertrieb den Menschen und stellte östlich des Gartens von Eden die Kerubim auf und das lodernde Flammenschwert, damit sie den Weg zum Baum des Lebens bewachten."* (Gen 3,24)

Ist dieser Weg jetzt wieder frei? Das wäre zu viel gesagt, aber eine Tür ist offen, eine große Verheißung scheint damit gegeben, ein Vorausbild dessen, der als der wahre Weinstock ewiges Leben verheißen wird.

Noah pflanzt den Weinberg unter dem Zeichen des Bundes, den Gott mit ihm kurz zuvor geschlossen hatte: *„Das ist das Zeichen des Bundes, den ich stifte zwischen mir und Euch und den lebendigen Wesen bei Euch für alle kommenden Generationen: Meinen Bogen setze ich in die Wolken; er soll das Bundeszeichen sein zwischen mir und der Erde."* (Gen 9, 12.13)

Bund – ein Schlüsselwort für die Verbindung zwischen Gott und Mensch. Es kehrt wieder bei Abraham: *„Ich will einen Bund stiften zwischen mir und Dir … "* (Gen 17,2), bei Isaak und Jakob, bei Mose und den Propheten bis hin zum Neuen Bund in Jesus.

Schon bei den Propheten wird dieser Bund über den Schutzbund hinaus als Liebes- und Ehebund gedeutet: *„Ich traue Dich Dir an auf ewig; ich traue Dich mir an um den Brautpreis von Gerechtigkeit und echt, in Liebe und Erbarmen."* (Hos 2, 21)

Im Licht dieser Verheißung können wir auch den Weinberg sehen, den Noah pflanzt: Denn er ist allein schon durch seine Rebstöcke, die sich mit ihren Ranken binden wollen, ein gutes Symbol für diesen Bund. In ihm begegnet uns, wie Josef Ratzinger andeutet, die menschliche Braut Gottes. So sieht es jedenfalls Josef Ratzinger: *„Alle wussten, dass ‚Weinberg' Bild für eine Braut war."* (Jesus von Nazareth, 1. Teil, S. 298)

Nicht anders sieht Jesus diesen Bund, wie wir bei der Erzählung der Hochzeit von Kana sehen werden, bei der nicht von ungefähr dem Wein als Symbol der Liebe zwischen Mann und Frau eine Schlüsselrolle zukommen wird. Vollenden wird er sich dann am Ende der Zeiten im Hochzeitsmahl des Lammes. Für uns jetzt schon erfahrbar wird er in jeder Feier der Eucharistie in den Worten Jesu über Kelch und Wein:

Ebenso nahm er nach dem Mahl den Kelch und sagte: *„Dieser Kelch ist der Neue Bund in meinem Blut, das für Euch vergossen wird."* (Lk 22, 20)

« *Regenbogen über Weinbergen*

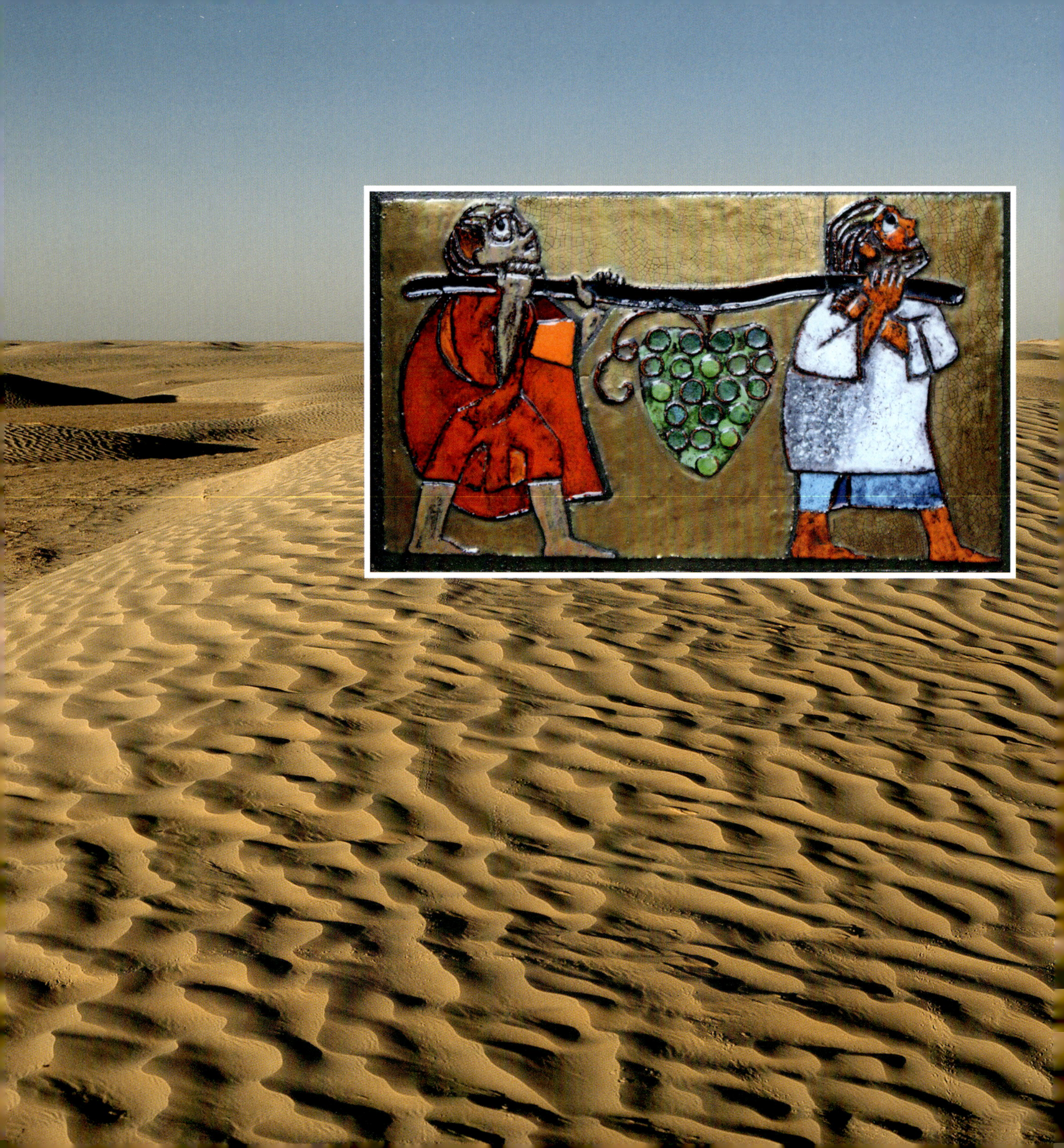

DEM LEBEN ENTGEGEN

„Von dort kamen sie in das Traubental. Dort schnitten sie eine Rebe mit einer Weintraube ab und trugen sie zu zweit auf einer Stange, dazu auch einige Granatäpfel und Feigen". (Num 13, 23)

Das ist erstaunlich: Die Kundschafter, die im Auftrag des Mose das gelobte Land in Augenschein genommen haben, sagen: „Es ist wirklich ein Land, in dem Milch und Honig fließen", und was bringen sie als Beweis mit? Eine überdimensionale Traube und dazu noch einige Granatäpfel und Feigen. Ist das nicht wieder ein Hinweis auf den Baum des Lebens, der sie dort erwartet, zumal viele Ausleger dieser Stelle der Ansicht sind, die Kundschafter hätten einen ganzen Rebstock mit Früchten mitgebracht, die sich sonst wohl kaum frisch gehalten hätten? Das gelobte Land – Land des Lebens!

Aber was die Kundschafter erzählen, macht dem Volk Angst: *„Das Volk, das im Land wohnt"*, erzählen sie, *„ist stark und die Städte sind befestigt und sehr groß. Auch haben wir die Söhne des Anak – Riesen werden diese später genannt – dort gesehen."* (Num 13 28)

Und wieder jammern die Israeliten: *„Wären wir doch in Ägypten oder wenigstens in der Wüste gestorben!"* (Num 14, 2)

Ja, das gelobte Land des wahren und ewigen Lebens, ist nicht leicht zu erreichen.

Jesus sagt: *„Wer sein Leben retten will, der wird es verlieren; wer aber sein Leben verliert um meinetwillen, der wird es gewinnen."* (Mt 16, 25), und auf die Frage, ob nur wenige gerettet werden, antwortet er: *„Bemüht Euch mit allen Kräften durch die enge Tür zu gelangen."* (Lk 13, 24)

Die Versuchung auf der Strecke zu bleiben und mit dem Fuchs aus Äsops Fabel zu sagen: „Die Trauben sind mir zu sauer", ist groß.

Auf der anderen Seite aber geht es ums Leben, das im Symbol der Riesentraube winkt, und das gibt Kraft, Kraft, den Weg durch die Wüste weiter zu gehen und den Kampf des Lebens aufzunehmen.

Lasst uns mit Ausdauer in dem Wettkampf laufen, der uns aufgetragen ist, und dabei auf Jesus blicken, den Urheber und Vollender des Glaubens; er hat angesichts der vor ihm liegenden Freude das Kreuz auf sich genommen, ohne auf die Schande zu achten, und sich zur Rechten von Gottes Thron gesetzt. (Hebr 12, 1.2)

Ich vergesse, was hinter mir liegt. Und strecke mich nach dem aus, was vor mir liegt. Das Ziel vor Augen, jage ich nach dem Siegespreis der himmlischen Berufung, die Gott uns in Jesus Christus schenkt. (Phil 3, 13.14)

« Kundschafter mit Traube, Emaille von Prof. Elisabeth Weissgerber
« Wüste Sinai

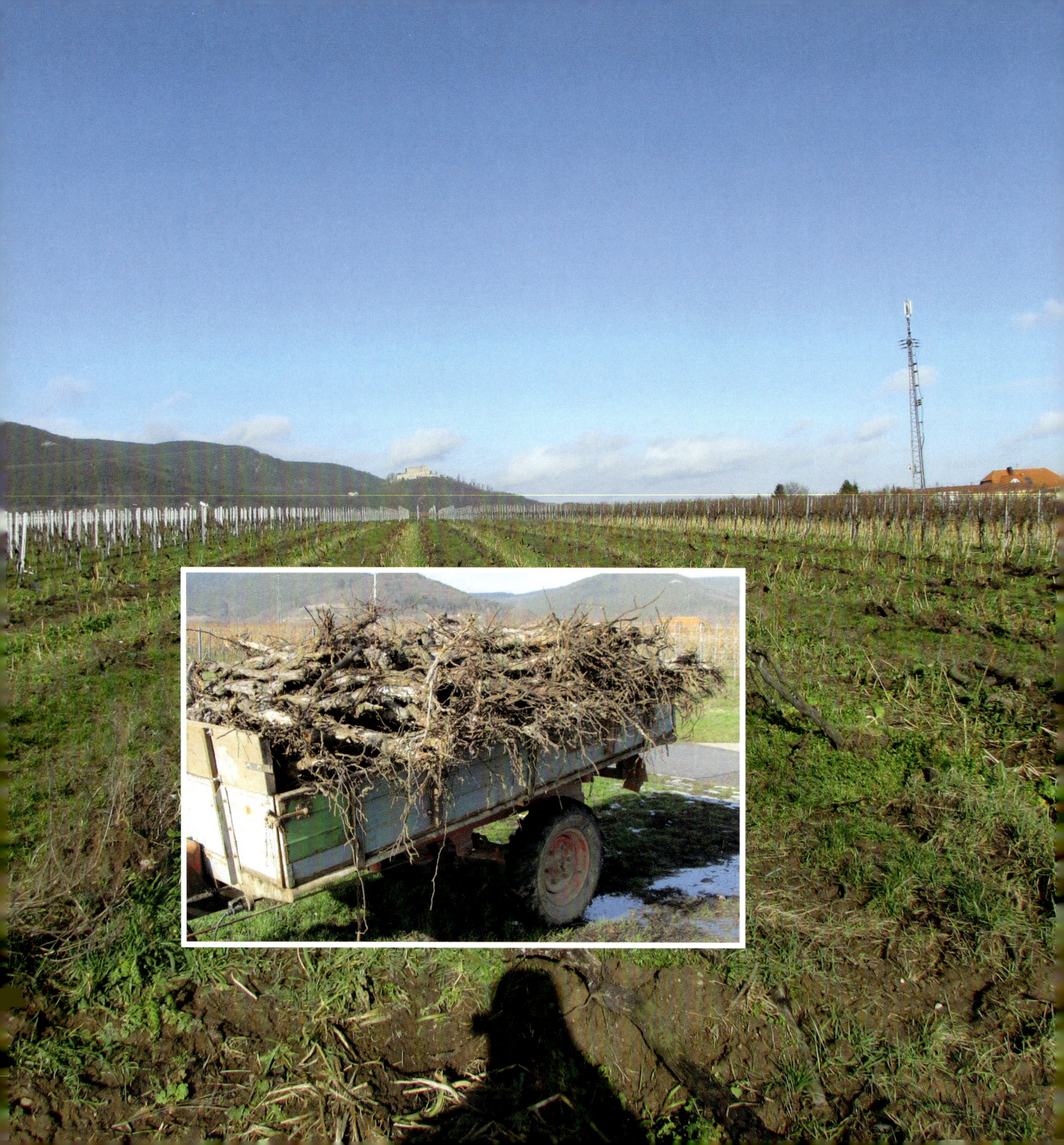

WEINBERG UND WEINSTOCK – DRAMA DER HEILSGESCHICHTE

Weinberg und Weinstock sind in der Bibel gleichermaßen ein Bild für das Volk Gottes und die Dramatik der Heilsgeschichte.

Das klingt schon im Weinberglied des Propheten Jesaja an. *„Ja, der Weinberg des Herrn der Heere ist das Haus Israel und die Männer von Juda sind die Reben, die er zu seiner Freude gepflanzt hat."* (Jes 5,7)

Und wie viel Mühe hat er sich dabei gegeben, diesen Weinberg anzulegen: die Steine entfernt, edelste Reben gepflanzt, einen (Wacht-)Turm gebaut und eine Kelter darin ausgehauen – alles bestens, aber was kam dabei heraus? Saure Beeren statt süßer Trauben! *„Er hoffte auf Rechtsspruch – doch siehe da: Rechtsbruch, und auf Gerechtigkeit – doch siehe da: der Rechtlose schreit!"* (Jes 5,7)

Und im Neuen Testament wiederholt sich dieses Drama.

Da wird ganz ähnlich ein Weinberg angelegt und verpachtet. Dann schickt der Besitzer seine Knechte aus, um die Ernte zu holen: der erste wird von den Pächtern mit leeren Händen fortgejagt, der zweite beschimpft und misshandelt, der dritte umgebracht. Ähnlich erging es noch weiteren Knechten, bis dann der Sohn kommt. Aber auch diesen bringen sie um in der Hoffnung, so an das Erbe heran zu kommen. (Mk 12, 1 ff.)

Was wird der Herr mit solchen Leuten machen? Verwüstung des Weinbergs ist die Antwort bei Jesaja, Tod der Winzer bei Markus.

Die Lage für das Volk scheint aussichtslos, und Israel klagt:

„Du hobst in Ägypten einen Weinstock aus…"
„Warum rissest du seine Mauern ein? Alle, die des Weges kommen, plündern ihn aus. Der Eber aus dem Wald wühlt ihn um, die Tiere des Feldes fressen ihn ab. Gott der Heerscharen, wende dich uns wieder zu! Blick vom Himmel herab, und sieh auf uns! Sorge für diesen Weinstock und für den Garten, den deine Rechte gepflanzt hat. Die ihn im Feuer verbrannten wie Kehricht, sie sollen vergehen vor deinem drohenden Angesicht. Deine Hand schütze den Mann zu deiner Rechten, den Menschensohn, den du für dich groß und stark gemacht. Erhalt uns am Leben! Dann wollen wir deinen Namen anrufen und nicht von dir weichen. Herr, Gott der Heerscharen, richte uns wieder auf! Lass dein Angesicht leuchten, dann ist uns geholfen." (Ps 80, 13-20)

War es wirklich Gott, der seine Mauern eingerissen hat? Sind es nicht viel mehr wir Menschen, die uns das Unheil immer wieder selber „einbrocken?" Und dann, leider oft erst dann, fällt uns der Gedanke an den Herrgott wieder ein und wir beginnen zu jammern und zu beten und nach ihm zu rufen. Aber genau darauf wartet Gott bei seinem Volk, und dann ist seine Antwort eindeutig und tröstlich:

„An jenem Tag gibt es einen prächtigen Weinberg… In künftigen Tagen schlägt Jakob wieder Wurzel, Israel blüht und gedeiht, und der Erdkreis füllt sich mit Früchten." (Jes 27)

« *Ausgerissen: Gerodeter Weinberg bei Maikammer*
« *Zum Verbrennen bestimmt: Ausgerissene Rebstöcke*

32

JESUS DER WAHRE WEINSTOCK – DIE ERLÖSUNG

Diese Verheißung von Jes 27 findet ihre Erfüllung in Jesus Christus, in dem Gott gewissermaßen die Seiten wechselt und selbst Teil seines Volkes wird und die Früchte bringt, die er von ihm erwartet. Jesus Christus ist nicht nur das Wort Gottes, durch das alles geschaffen wurde, sondern auch die einzig wahre und richtige Antwort seines Volkes, durch die es seine Erlösung findet.

Er ist der wahre Weinstock, der ganz aus der Verbindung zum Vater lebt, seinen Willen bis zur Hingabe seines Lebens erfüllt und so die Frucht bringt, die der Vater erwartet: vorbehaltlose, uneingeschränkte Liebe. So wird er zum Grundstock des neuen Gottesvolkes, das ihm ganz eng verbunden ist.

Ob Jakob das schon im Blick hatte, als er seinen Sohn Juda segnete? *„Nie weicht von Juda das Zepter, der Herrscherstab von seinen Füßen, bis der kommt, dem er gehört, dem der Gehorsam der Völker gebührt. Er bindet am Weinstock sein Reittier fest, seinen Esel am Rebstock. Er wäscht in Wein sein Kleid, in Traubenblut sein Gewand. Feurig von Wein funkeln die Augen, seine Zähne sind weißer als Milch."* (Gen 49,11.12)

Jesus erweitert dieses Bild wenn er sich selbst als den wahren Weinstock bezeichnet, mit dem sein Volk im Bild der Reben verwachsen ist. Aus seiner Verwurzelung in Gott und seiner Hingabe an ihn ist er in der Lage, reiche Frucht zu bringen durch alle, die ihm verbunden bleiben und sich vom Vater führen und „behandeln" lassen: *„Ich bin der (wahre) Weinstock, ihr seid die Reben. Wer in mir bleibt und in wem ich bleibe, der bringt reiche Frucht; denn getrennt von mir könnt ihr nichts vollbringen."* (Joh 15,5) Die Verbindung ist so eng, dass Paulus sagen kann: *„Nicht mehr ich lebe, sondern Christus lebt in mir."* (Gal 2,20)

Und wieder ist er da, der Baum des Lebens aus dem Paradies, auf ganz neue Weise, und der Zugang zu ihm ist nicht mehr von Cherubim und Flammenschwert verschlossen und bewacht sondern weit offen für alle, die glauben. Glauben wir?

Dein Blut in meinem Blut, o Herr,
Dein Geist in meinem Geist,
Deine Liebe in meinem Herzen,
Dein Wort auf meinen Lippen,
Dein Werk in meinen Händen!
Bleib in mir, rede und wirke durch mich,
damit ich Früchte bringen kann, die bleiben.
Amen

« Fresko aus einem der Moldauklöster in Rumänien

DER WEIN IM WERDEN
– PHASEN DES LEBENS UND DER LIEBE

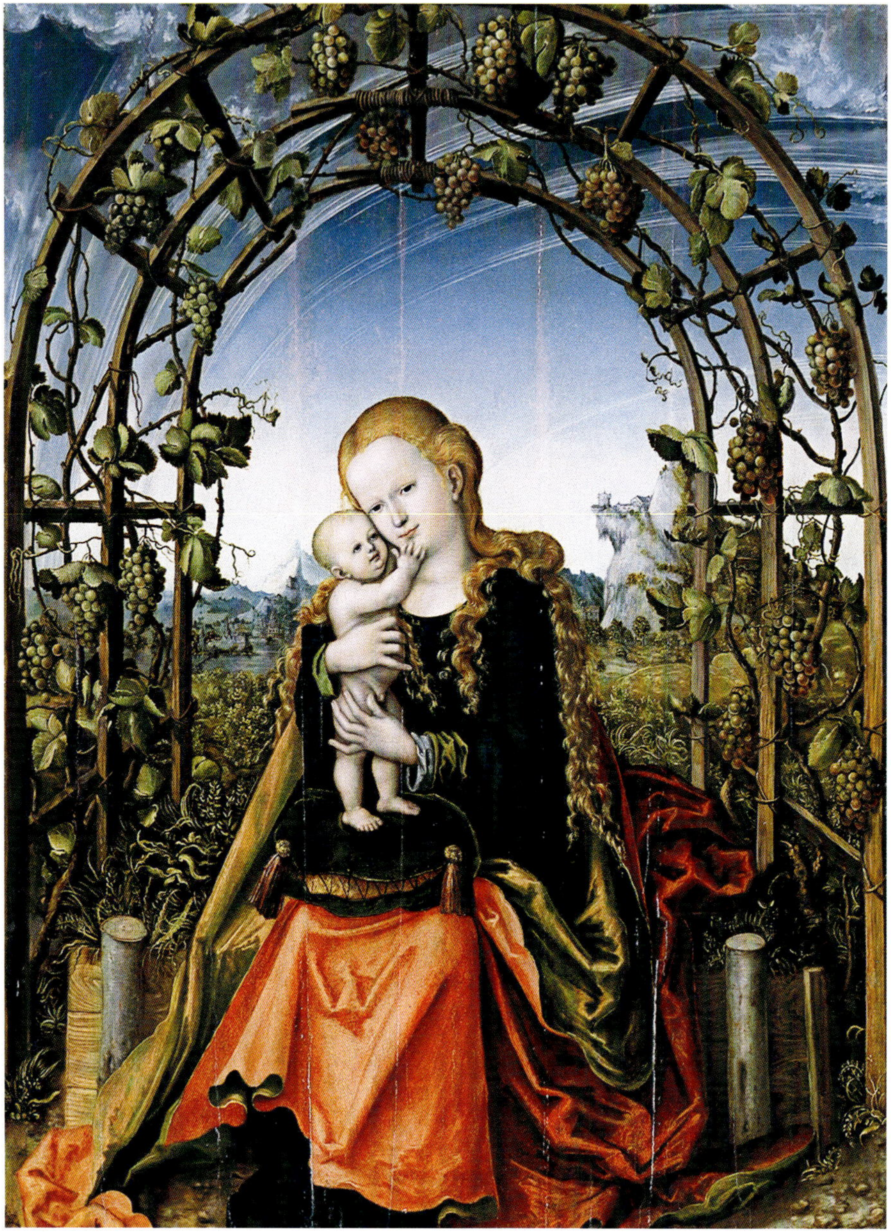

DER SÜSSE ANFANG

„Aller Anfang ist schwer", sagt der Volksmund – man könnte ganz im Gegenteil aber auch sagen: „Aller Anfang ist süß"; denn „jedem Anfang wohnt ein Zauber inne." (H. Hesse) Beim Wein ist es so, und nicht nur bei ihm.

Süß ist der Most, den uns die gekelterten Trauben schenken, und er ist ein durchaus willkommenes Getränk in der Zeit des Herbstes.

Süß sind auch die Anfänge unseres menschlichen Lebens – wie sind sie süß, die lieben Kleinen in den Armen ihrer Eltern oder in ihrem Kinderwagen, bewundert von vielen, die vorüber kommen!

Süß ist schließlich auch der Anfang der Liebe, die Liebe des Anfangs, das verliebt Sein bis hin zum süßen Honeymoon.

Vom Süßmost ist in der Bibel in diesem Zusammenhang allerdings nicht die Rede, wohl aber vom süßen Wein, der ein bevorzugtes Symbol der Liebe ist, auch wenn er den Vergleich mit ihr nicht aushalten kann; denn *„süßer als Wein ist Deine Liebe"* sagt Salomo in seinem Hohelied (Hld 1,2), in dem die enge Verbindung zwischen Wein und Liebe am deutlichsten hervortritt. Hier einige Beispiele aus dieser herrlichen erotischen Dichtung des Alten Testamentes, in der Braut und Bräutigam einander in wunderschönen Bildern beschreiben, sich voreinander verstecken, einander suchen und finden lassen und schließlich einander die Liebe schenken:

„In das Weinhaus hat er mich geführt. Sein Zeichen über mir heißt Liebe." (Hld 2,4)

„Dein Schoß ist ein rundes Becken, Würzwein mangle ihm nicht."

„Trauben am Weinstock seien mir Deine Brüste, Apfelduft sei der Duft Deines Atems, Dein Mund köstlicher Wein, der glatt in mich eingeht, der Lippen und Zähne mir netzt …"

„Komm, mein Geliebter, wandern wir auf das Land, schlafen wir in den Dörfern. Früh wollen wir dann zu den Weinbergen gehen und sehen, ob der Weinstock schon treibt, ob die Rebenblüte sich öffnet … Dort schenke ich Dir meine Liebe." (Hld 7,3.9.10.12.13)

Hier geht es aber nicht nur um das verliebt Sein von Braut und Bräutigam, sonst fänden wir das Hohelied nicht in der Heiligen Schrift, sondern vor allem um das verliebt Sein Gottes in sein Volk, für das der Wein ebenfalls als Symbol steht.

Das spüren wir besonders an Weihnachten im Anblick des süßen Kindes in der Krippe, dem Neuanfang Gottes mit uns Menschen. Nicht von ungefähr hat darum Lucas Cranach Maria mit ihrem Kind in einer Weinlaube abgebildet. In der Liebe zwischen den beiden offenbart sich die Liebe zwischen Gott und Mensch, die uns glücklich macht und aufscheint in Weinstock und Traube.

« *Madonna in der Weinlaube, von Lucas Cranach dem Älteren*

*Spielerisches Beieinander
im „grünen Bereich"*

*Dunkle Gewitterwolken
von der Seite her*

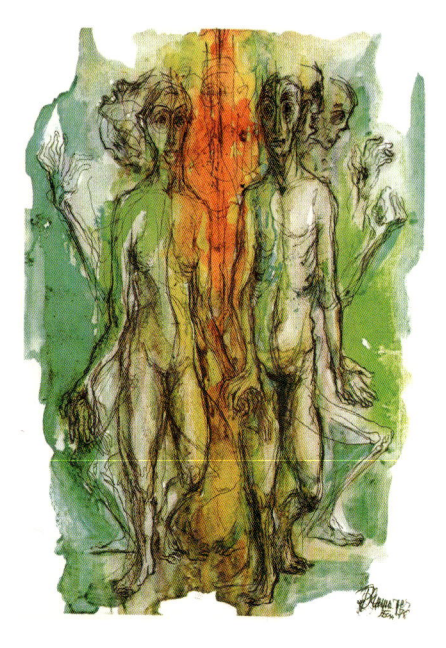

*Gereifter Weg in die Zukunft
Blick nach vorn*

DIE WACHSTUMSKRISE

Sie ist eine Gnade die Süße des Anfangs, nicht zuletzt deswegen, weil der Anfang uns oft genug im Unklaren darüber lässt, wie es weiter geht, was uns noch blüht.

Und mit dem Wein geht es ganz schön turbulent weiter. Er kommt ins Fass, und schon gärt es mächtig in ihm, so mächtig, dass der Winzer aufpassen muss, wenn er in seine Nähe kommt, dass ihn die entstehenden Gärgase nicht ums Leben bringen.

So kommen auch die süßen Kinder auf einmal in die Pubertät, in das schwierige Alter, schwierig für sie selbst, schwierig aber auch für Eltern, Erzieher und Lehrer, manchmal so sehr, dass ihnen Hören und Sehen vergeht.

Und kaum sind sie verheiratet oder fest zusammen, entdecken auch die Liebenden die Auseinandersetzung und den Streit, weil sie in der schönen Beziehung miteinander nicht untergehen und ihr Eigenes nicht verlieren wollen.

Und das süße Christkind? Ihm geht es nicht anders. Es mausert sich zum Propheten und Meister, der in die Schusslinie der jüdischen und römischen Autoritäten gerät und auch uns ganz schön quer kommen kann.

Ein doppeltes Wachstumsgeheimnis wird da offenbar: bleiben und streiten.

Wenn der Most im Fass ist, gibt es kein Entrinnen mehr, nur noch ein Ventil im Gärkorken. Aber gerade das ermöglicht ihm sich zu entwickeln. Der Streit der Elemente, die einander auf Gedeih und Verderb ausgeliefert sind, die aufeinander reagieren und miteinander ringen, führt zu immer neuer Klärung und schließlich zum reifen Wein, der das Herz des Menschen erfreut. Käme der Most nicht ins Fass, würde er bald kippen und ungenießbar.

Ist es nicht auch so mit dem Leben und der Liebe?

Pubertierende Jugendliche brauchen den Widerpart ihrer Eltern und Erzieher, an denen sie sich reiben, mit denen sie sich auseinandersetzen, an denen sie ihre Kräfte messen und mit deren Hilfe sie sich schließlich zu einer reifen Persönlichkeit entwickeln können.

Und in der Beziehung der Paare ist es wohl nicht anders. Wenn sie nicht miteinander ringen und streiten, ist ihre Beziehung bald tot, und wenn sie jeden Streit schon zum Anlass nehmen, mit der Trennung zu drohen, ebenso.

Bleiben und Streiten – Roland Peter Litzenburger hat drei Bilder gemalt, die gut dazu passen.

« Paarbilder von Roland Peter Litzenburger

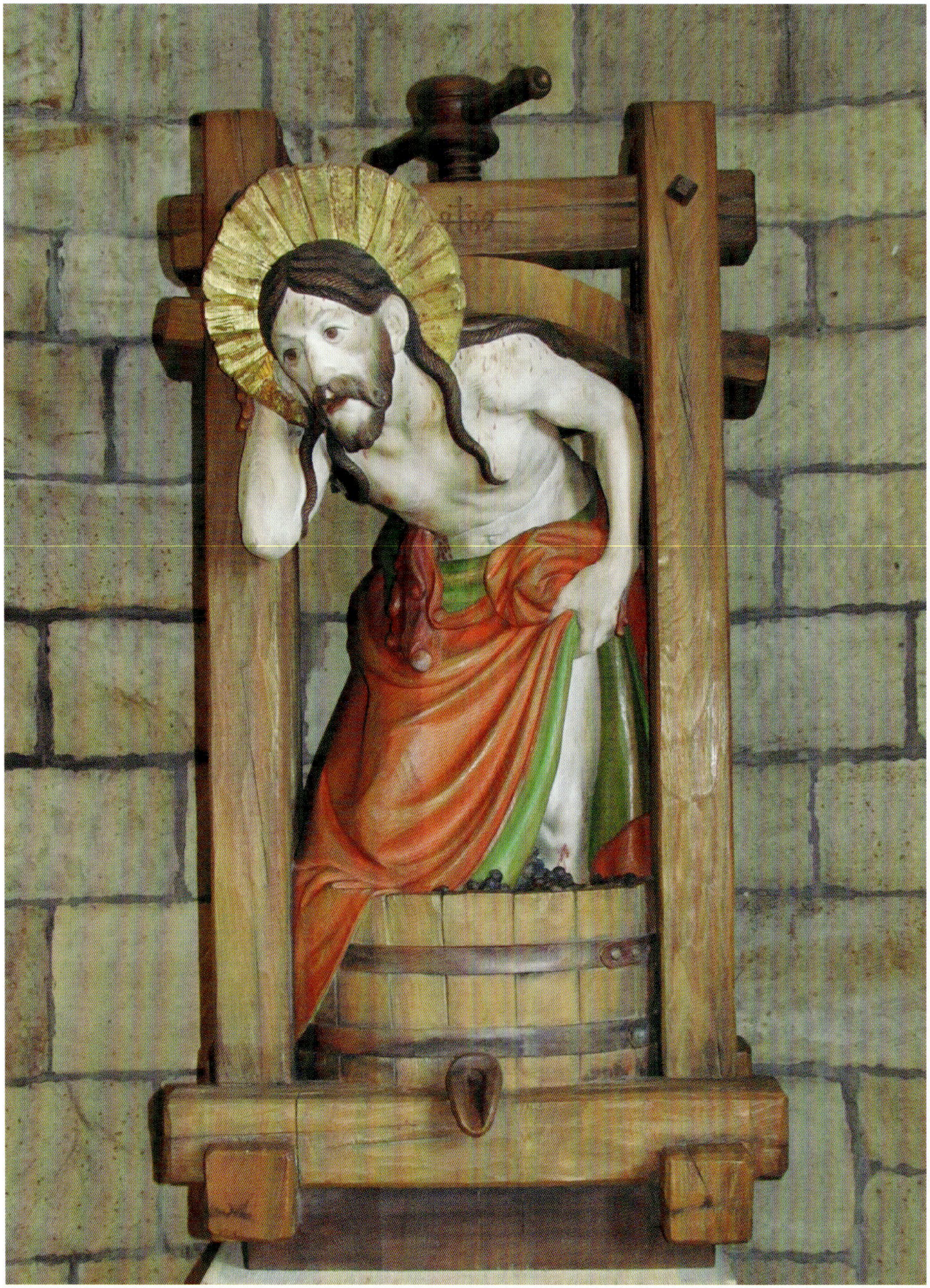

JESUS DER KELTERTRETER

Bleiben und Streiten, das kann und wird auch bedeuten: bleiben und leiden. Jesus hat sich auseinander gesetzt mit seinem Volk und seinen Führern und hat es büßen müssen. Dennoch ist er nicht geflüchtet, sondern geblieben und hat sich einspannen lassen in den Block der Qualen, der hier als Kelter abgebildet ist, aus der der Wein der Liebe Gottes fließt.

Auch hierfür bilden Trauben und Wein eine gute Vorlage; denn nicht nur im Gärprozess ist Streit und Leid angesagt, das Leid für die Traube beginnt schon früher.

Sie wird geschnitten und gemahlen, zerquetscht und vergoren, und jedes Mal stirbt eine alte Form und eine neue steht auf, und was am Ende dabei heraus kommt, ist unübertrefflich.

So ist es auch mit der Liebe, wie Khalil Gibran – diesmal allerdings im Blick auf das Brot – veranschaulicht:

„So, wie die Liebe Dich krönt, kreuzigt sie Dich.
So wie sie Dich wachsen lässt, beschneidet sie Dich.
Sie drischt Dich, um Dich nackt zu machen.
Sie siebt Dich, um Dich von Deiner Spreu zu befreien.
Sie mahlt Dich, bis Du weiß bist.
Die Liebe gibt nichts als sich selbst
und nimmt nichts als von sich selbst.
Liebe hat keinen anderen Wunsch,
als sich zu erfüllen."
Aus: Khalil Gibran, Der Prophet

Wem nie durch Liebe Leid geschah,
dem ward auch Lieb' durch Lieb' nicht nah;
Leid kommt wohl ohne Lieb allein,
Lieb' kann ohne Leid nicht sein.
Gottfried von Straßburg

Im Leben und Sterben Jesu hat sich die Liebe erfüllt. Denn „Niemand hat eine größere Liebe als der, der sein Leben gibt für seine Freunde." (Joh 15)

Das Bild des Keltertreters spricht da eine klare Sprache. Und was dabei heraus kommt, ist unendlich kostbar; denn das Blut, das hier vergossen wird, wird zum Wein des wahren und ewigen Lebens.

« Jesus der Keltertreter im Herz-Jesu-Kloster, Neustadt an der Weinstraße

42

REIFUNG UND KLÄRUNG

Die Gärung bedeutet auch eine allmähliche Klärung. Die Hefe setzt sich ab und wird immer wieder „abgezogen", und der Wein wird zunehmend klarer. Ist diese Entwicklung abgeschlossen kommt bald die Zeit, in der er gefiltert wird, d.h. eine letzte Klärung erfährt, und dann auf die Flasche und von dort irgendwann auch ins Glas kommt.

Schon an seiner leuchtenden Farbe im Glas und an seinem Bukett kann man seine Klasse erkennen, bevor die Zunge den vielfältigen Geschmacksvarianten auf die Spur kommt und sich bewahrheiten kann, was in Psalm 104 geschrieben steht und oft zitiert wird: „der Wein erfreut des Menschen Herz!" Er bringt die Menschen zum Gespräch (John Forster), er schafft Gemeinschaft unter ihnen und ist ein Symbol des Friedens wie das Brot und der Wein, die Melchisedek (König der Gerechtigkeit), der König von Salem (Stadt des Friedens), dem Patriarchen Abram nach dessen Sieg entgegenbringt und mit einem Segen über diesen verbindet (Vgl. Gen 14,18).

Erfrischend und erfreulich sind auch Menschen, die wirklich gereift und erwachsen geworden sind, die selbst entschieden haben, wer und wie sie sein wollen, frei von den Zwängen eines diktatorischen Über-Ich, aber auch selbstbeherrscht gegenüber dem Verlangen der eigenen Natur, mit einer klaren Überzeugung, die Orientierung geben kann, mit sich selbst und der Welt im Reinen, die in sich ruhen und Wohlwollen ausstrahlen. In der Begegnung mit solchen Menschen kann man aufatmen und gesund werden. Selig sind sie.

Ebenso aber auch Paare, die ihren gemeinsamen Weg gefunden und erarbeitet haben, die einander verstehen, achten und vertrauen, miteinander lachen und weinen, kämpfen und leiden, Berge besteigen und Täler durchwandern. Sie sind eine Quelle und ein Hort des Friedens, wie eine bekannte chinesische Fabel veranschaulicht:

Zwischen zwei Völkern drohte ein Krieg auszubrechen. Auf beiden Seiten schickten die Feldherren Kundschafter aus. Sie sollten herausfinden, wo man am leichtesten in das Nachbarland einfallen könne. Beide Kundschafter kehrten zurück und berichteten ihren Feldherren: Es gibt nur eine einzige Stelle an der Grenze, wo wir in das andere Land einfallen können. Überall sind hohe Gebirge und tiefe Flüsse. An dieser Stelle aber hat ein Bauer sein Feld. Er wohnt dort in einem kleinen Haus mit seiner Frau und seinem Kind.

Sie haben sich lieb. Sie sind glücklich. Ja, es heißt, sie sind die glücklichsten Menschen der Welt. Wenn wir über dieses kleine Feld ins Feindesland einmarschieren, zerstören wir das Glück. Also, so sagten die Kundschafter – kann es keinen Krieg geben. Das sahen die Feldherren dann auch wohl oder übel ein, und der Krieg fand nicht statt – wie jeder Mensch begreifen wird.

« Familie Kessler, Kirrweiler

DER KLARE WEIN
– GENUSS UND WIRKUNG

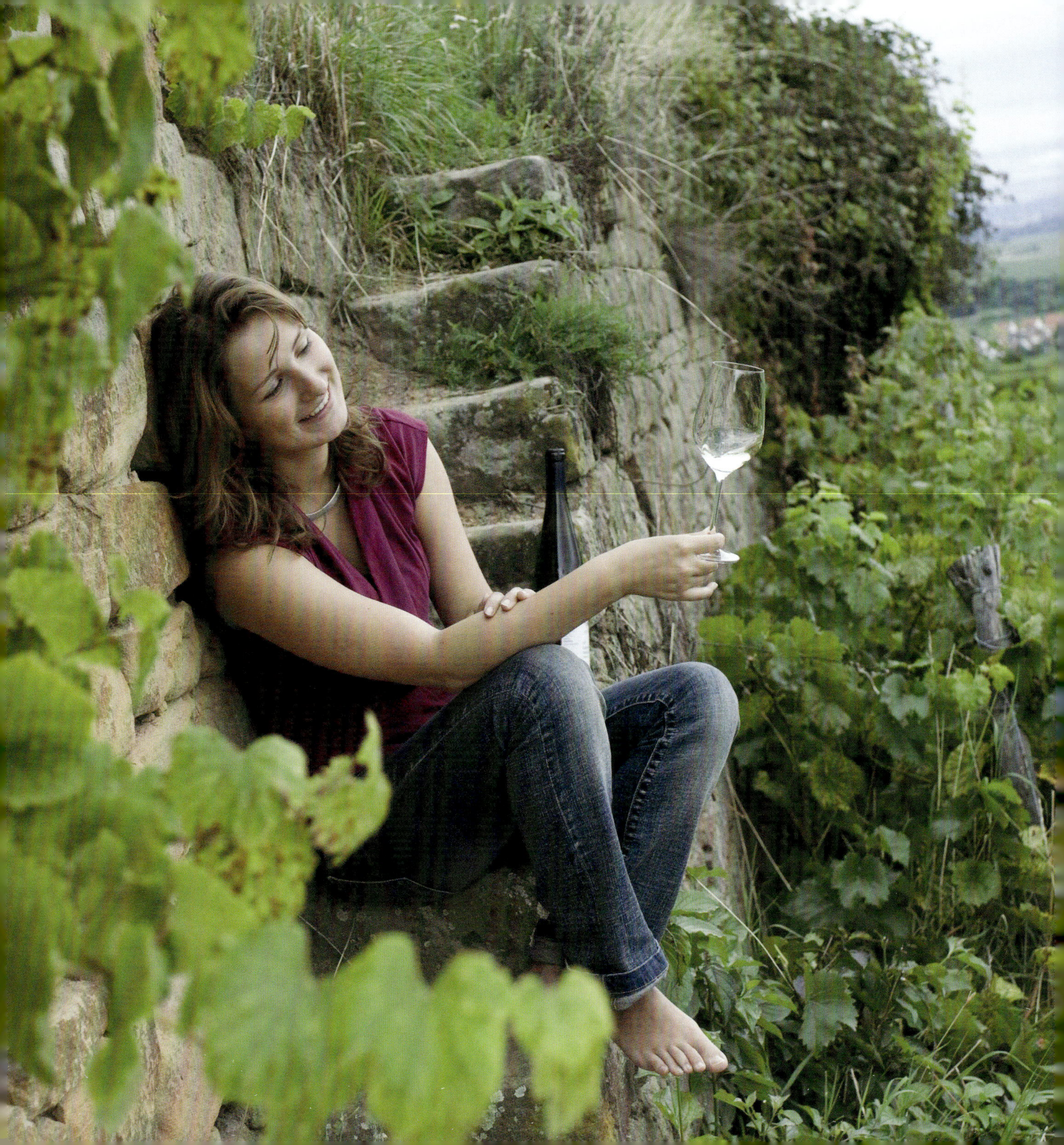

WEIN – ELIXIER DES LEBENS

*„Der flüssige Rubin, der sich ergießt
Und lachend aus dem Hals der Flasche fließt,
ist eines Herzens Blut – und der Krystall
ist eine Träne, die ihn rings umschließt.
Begehrlich presste ich den Mund an den des Krugs,
das Elixier des Lebens zu erfahren."*
Omar Khayyam

Elixier des Lebens nennt er hier den Wein, der begnadete persische Mathematiker, Astronom, Philosoph und Dichter des Mittelalters, und nicht zuletzt wegen dieser seiner Frucht wird der Rebstock ja auch Baum des Lebens genannt.

Dabei vergleicht und verbindet Khayyam, wie es so oft in der kultischen und kulturellen Tradition geschieht, Wein und Blut.

Blut ist Leben, und der Wein ist sein Symbol. Im jüdischen Denken wie auch im Denken der Antike überhaupt gilt das Blut als Sitz des Lebens und der Seele. Das ist auch nicht verwunderlich, angesichts der Erfahrung, dass Blut vergießen, den Tod bedeutet, auch nicht angesichts der Bedeutung, die das Blut und sein Kreislauf in medizinischer Hinsicht für das Leben des Körpers haben.

Hier setzt auch der Wein an, der schon allein durch seine rote Farbe an Blut erinnert und unmittelbar ins Blut geht, der die Seele in Schwingungen versetzt, die dem Leben Geschmack und Würze verleihen.

Seine dichteste Verbindung mit Blut und mit Leben erfährt der Wein jedoch in der Feier des Abendmahles, im Blick auf welches Jesus sagt:

„Wer mein Fleisch isst und mein Blut trinkt, der hat das ewige Leben, und ich werde ihn auferwecken am letzten Tag." (Joh 6, 54). Hier erreicht er als Elixier des Lebens seine tiefste Bedeutung, Würdigung und Ehrung.

Der persische Dichter hat sie zwar sicher nicht so gemeint, aber seine Worte lassen sich auch ganz gut in dieser Richtung deuten:

*„Am Tag, wenn das Bäumchen meines Lebens entwurzelt wird
und weithin verstreut sind meine Glieder,
sollte aus meinem Leben ein Becher geformt werden,
würde es zu Leben erweckt,
wenn er gefüllt wird mit Wein."*
Omar Khayyam

„Gepriesen bist Du, Herr unser Gott, Schöpfer der Welt, Du schenkst uns den Wein, die Frucht des Weinstocks und der menschlichen Arbeit. Wir bringen diesen Kelch vor Dein Angesicht, damit er uns der Kelch des Heiles werde."
(Gebet des Priesters bei der Gabenbereitung)

„Wie ein Lebenswasser ist der Wein für den Menschen …" (Sir 31,27)

« *Genießen: Das Leben und den Wein*

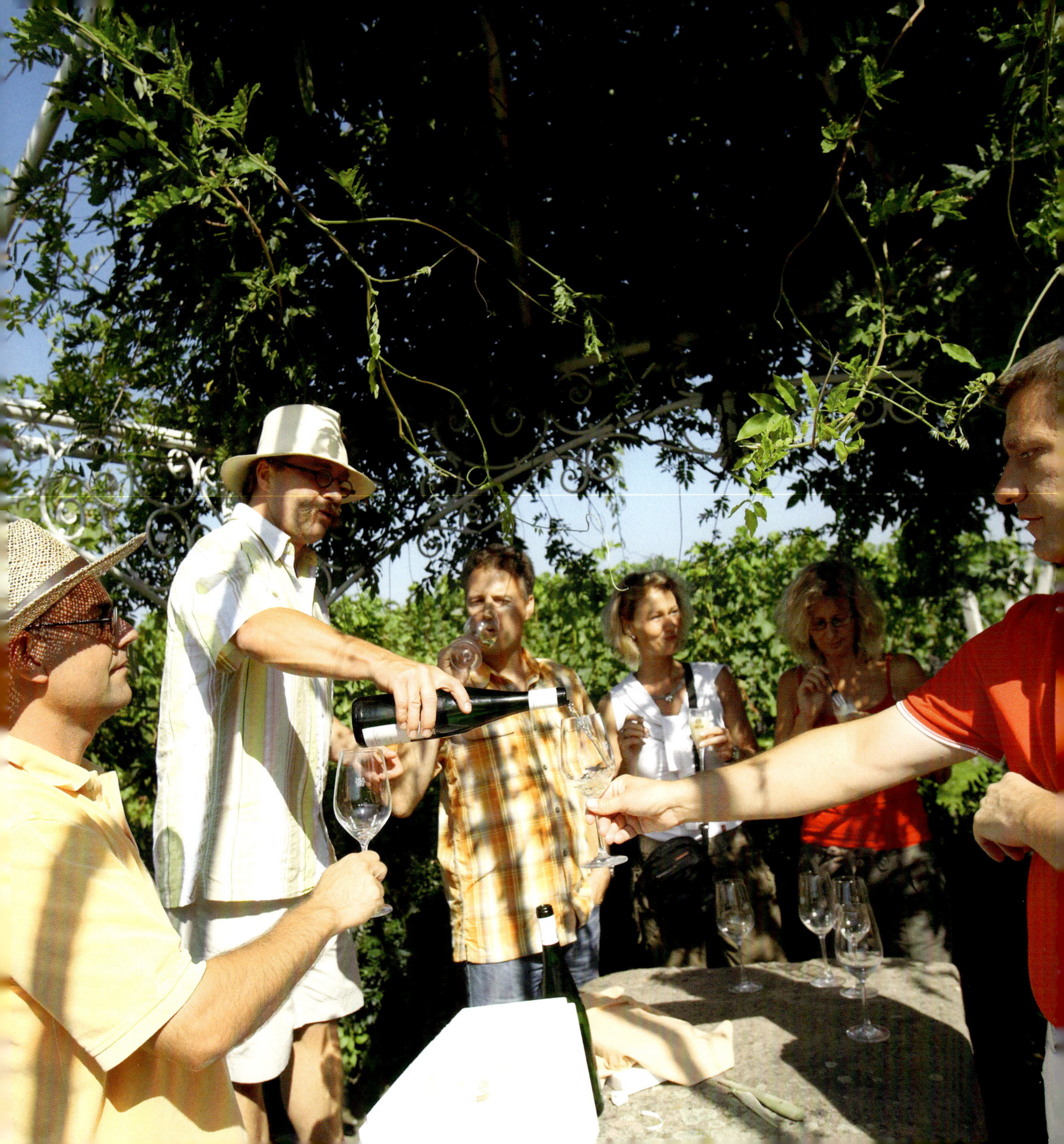

FREUDE UND GEMEINSCHAFT

„Bonum est diffusivum sui" – *„Das Gute hat es in sich, sich zu verströmen"*, sagt Thomas von Aquin in seiner theologischen Summe (I.5.4,2), was bildlich wohl am besten an der Sonne abzulesen ist, die pausenlos Ihr Licht und Ihr Wärme verströmt und uns so erfreut und Leben schenkt.

Auch der klare Wein hat diese Eigenschaft. Er erfreut des Menschen Herz (Ps 104). Darum sagt auch Jesus Sirach: *„Frohsinn, Wonne und Lust bringt Wein zur rechten Zeit getrunken!"* (Sir 31,27.28)

Weil der Wein eine so wohltuende Ausstrahlung hat, wird er gerne in Gemeinschaft getrunken. Er wärmt das Herz, lockert die Zunge und schafft eine freundschaftliche Atmosphäre. So sagt Freiherr von Forster: *„Der Wein hat die Aufgabe, den Menschen zum Gespräch zu führen!"*

In diesem Gespräch öffnet sich auch eine Tür für die Wahrheit; denn dann, wenn wir uns in einer geschwisterlichen und wohlwollenden Atmosphäre verbunden fühlen, trauen wir uns Dinge zu sagen, die uns im Alltag nicht so schnell über die Lippen kommen. Darum sagten schon die Römer „in vino veritas", „im Wein liegt Wahrheit".

Wahrheit, lieblos und destruktiv gesagt, was leider auch bei übermäßigem Weingenuss geschehen kann, wirkt dagegen verheerend und zerstörend. Wahrheit, in freundlicher und freundschaftlicher Zuneigung gesagt, hilft weiter und baut auf. So sind Liebe und Wahrheit im Verbund Grundlage und Heil jeder verlässlichen Gemeinschaft.

Wir erkennen es in Jesus Christus; denn er ist die wahre Liebe und die liebende Wahrheit – so geschieht Erlösung.

Zusammensitzen in fröhlicher Runde
bei interessanten Gesprächen
und einem guten Glas Wein,
das wärmt und öffnet das Herz
füreinander und auch
für ein offenes Wort
in vertrauter Begegnung.
Der Wein ist wie das Blut,
das in unseren Adern fließt.
Blutsbrüder werden darum,
die ihn gemeinsam genießen,
einander Freunde
und Menschen des Friedens.
Nur Maß müssen sie halten,
sonst kippt die gute Stimmung
und aus Friede wird Krieg.
Davor bewahre uns Gott!

« *Fröhliches Miteinander beim Weingenuss*

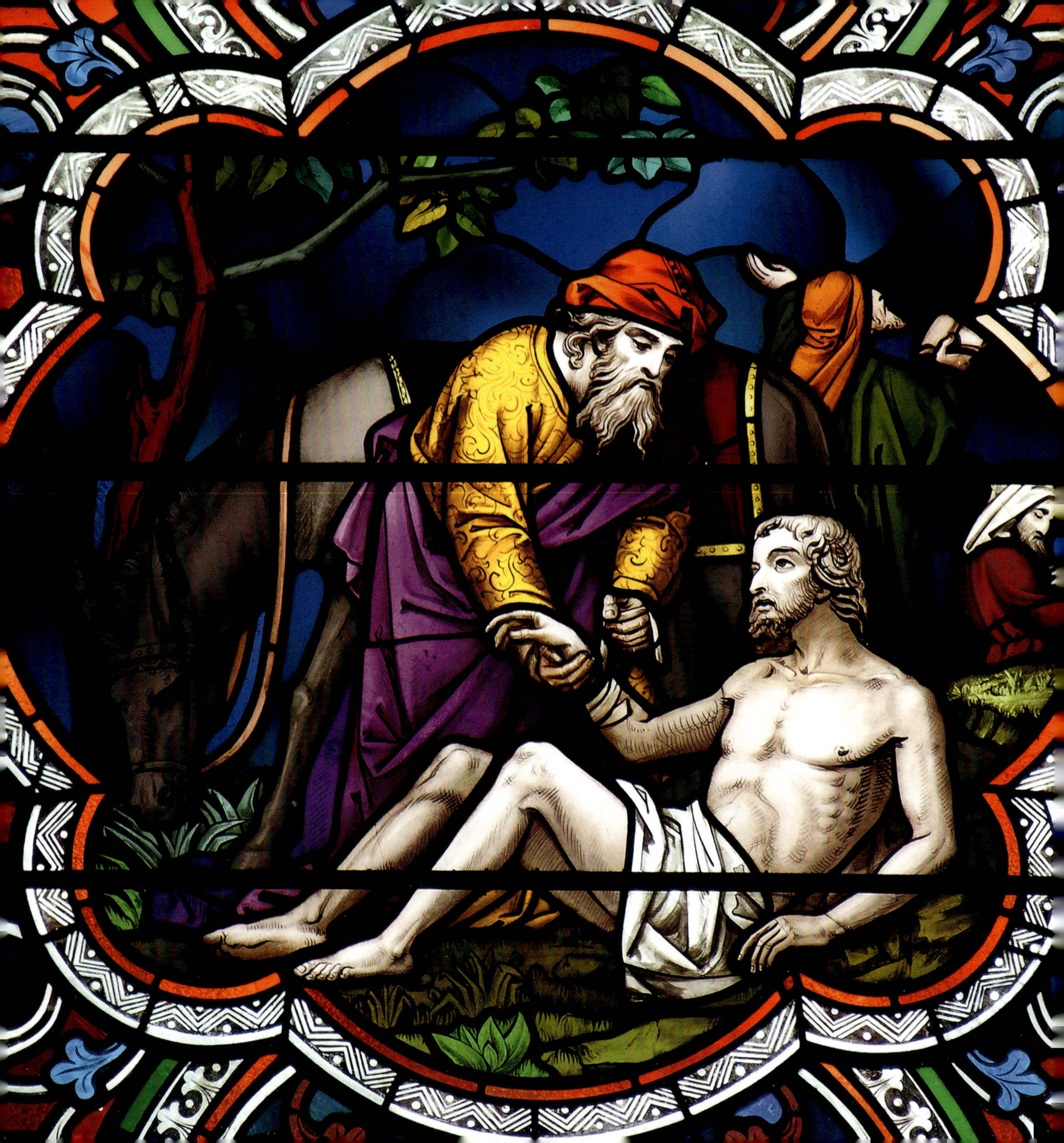

DER WEIN – HEILMITTEL FÜR LEIB UND SEELE

„Der Wein – maßvoll genossen – heilt und erfreut den Menschen zutiefst durch seine große Kraft und Wärme", sagt Hildegard von Bingen und reiht sich damit ein in die Schar derer, die seit alters her, wie schon Hippokrates, der Vater aller Ärzte, im Wein ein Heilmittel gesehen haben.

Krankenhäuser haben ihren Patienten im Mittelalter eine beachtliche Ration Wein zugeteilt, Klöster haben kranken Brüdern und Schwestern ebenfalls einen erhöhten Weingenuss erlaubt, und bis in unsere Tage hinein ist der Wein ein Hausmittel bei Erschöpfung und anderen kritischen Zuständen. Denken wir nur an Omas Rezept, den Rotwein, mit einem Eigelb und Traubenzucker vermischt als Energiespritze zu verabreichen.

Dabei ist zu beachten, dass der Wein nicht nur auf den Körper wirkt sondern auch auf die Seele, also ein psychosomatisches Heilgetränk ist. Er geht ins Blut und kommt damit direkt ins Herz, das er so ganz nebenbei auch vor einem Infarkt schützen helfen kann.

Heute gibt es dazu allerdings auch viele kritische Stimmen, die sagen, der Wein sei eine Droge, und wer den Wein als Heilmittel trinkt, sei schon abhängig. Aber kann es denn Sünde sein, wenn ich etwas trinke, was meine Stimmung hebt und mein Befinden bessert? Tun das nicht auch Schmerzmittel und Genussmittel wie Kaffee, die niemand verteufelt?

Ob Arznei oder Droge – das Maß entscheidet. Darum empfiehlt Paulus seinem magenkranken Schüler Timotheus zwar Wein zu trinken, aber nur etwas: *„Trink nicht nur Wasser, sondern nimm auch etwas Wein, mit Rücksicht auf Deinen Magen und Deine häufigen Krankheiten."* (1 Tim 5, 23)

Nicht zuletzt, weil er gekommen ist um zu heilen, was verwundet ist, hat Jesus den Wein als sakramentales Zeichen seiner Gegenwart unter uns Menschen erwählt und setzt damit sein heilendes Wirken durch die Zeiten und Räume unserer Geschichte fort. Allerdings gilt auch hier, was er zu der geheilten blutflüssigen Frau sagt: *„Dein Glaube hat Dir geholfen"*. Ohne Glauben geht nichts!

Hinzu kommt noch, dass er im Gleichnis vom barmherzigen Samariter auch die heilende – vor allem reinigende – Kraft der äußeren Anwendung des Weines erwähnt und damit zugleich auch den Kernauftrag eines Christen und der Kirche illustriert: den Nächsten zu lieben.

„Da kam ein Mann aus Samarien, der auf der Reise war. Als er ihn (den Überfallenen) sah, hatte er Mitleid, ging zu ihm hin, goss Öl und Wein auf seine Wunden und verband sie." (Lk 10, 33.34)

„Ich sehe ganz klar, dass das, was die Kirche heute braucht, die Fähigkeit ist, Wunden zu heilen und die Herzen der Menschen zu wärmen – Nähe und Verbundenheit. Ich sehe die Kirche wie ein Feldlazarett nach einer Schlacht. Man muss die Wunden heilen." Papst Franziskus

« Bleiglas-Kirchenfenster: Der Barmherzige Samariter

Das Lamm

Das Schwein

Der Affe

Der Löwe

MASS UND UNMASS

„Der Wein erfreut das Herz des Menschen" – das stimmt schon, aber nur wenn auch das Maß eingehalten wird. Wer ihn auf der Zunge zergehen lässt, schlürfend mit Sauerstoff anreichert und ihn dann die Kehle hinab fließen lässt – Tropfen für Tropfen – als wäre diese eine Wendeltreppe, der genießt ihn richtig und freut sich daran, und er hat gar nicht das Bedürfnis, Glas für Glas den Schlund hinab zu stürzen mit oft verhängnisvollen Folgen - nicht nur beim Autofahren.

Das musste schon Vater Noah erfahren, der die Kraft des Weines noch nicht kannte. Volltrunken zog er sich aus und legte sich splitternackt ins Zelt, worauf er von seinem Sohn Ham verspottet wurde. Das musste dieser aber büßen; denn prompt wurde er von seinem Vater dafür verflucht. Schrecklich! Da muss man sich schon fragen: wie kommt der Fluch in den Wein?

Ganz einfach: durch den Teufel. Dieser beobachtete Vater Noah beim Pflanzen des Rebstocks, und als der Patriarch allzu sehr von Trauben und Wein schwärmte, sagte Satan zu ihm: „halt, da muss ich auch noch etwas dazu geben!" So tötete er nacheinander ein Lamm, einen Löwen, einen Affen und ein Schwein und ließ deren Blut ins Pflanzloch fließen. Seitdem kommt es, sagt diese in unterschiedlichen Varianten überlieferte Legende aus dem Talmud, dass der Mensch sanft und zärtlich wird wie ein Lamm, wenn er nur wenig Wein trinkt. Trinkt er mehr, fühlt er sich plötzlich stark und mutig wie ein Löwe. Und wenn er dann noch weiter trinkt, macht er, wie der Pfälzer sagt „de Aff' druff", das heißt er benimmt sich seltsam. Kann er dann immer noch nicht aufhören, lässt er schließlich „die Wutz raus", d. h. er benimmt sich wie ein Schwein.

Die Liste der Opfer von Maßlosigkeit ist auch in der Bibel lang: Noah, Amnon, Lot, Holofernes, Belschazar u. a. m.

Schon die Griechen sagten darum: „nichts zuviel"! Denn sie wussten, dass Maßlosigkeit zerstörerisch wirkt. Der beste Weg, Maß zu halten, ist der Genuss. Wer genießt, säuft nicht. Darum gilt zu Recht:

„Wein Saufen ist Sünde, Wein trinken heißt beten! Also: Oremus – lasst uns beten!"

« *Wein-Brunnen von Prof. Gernot Rumpf in Bad Bergzabern*

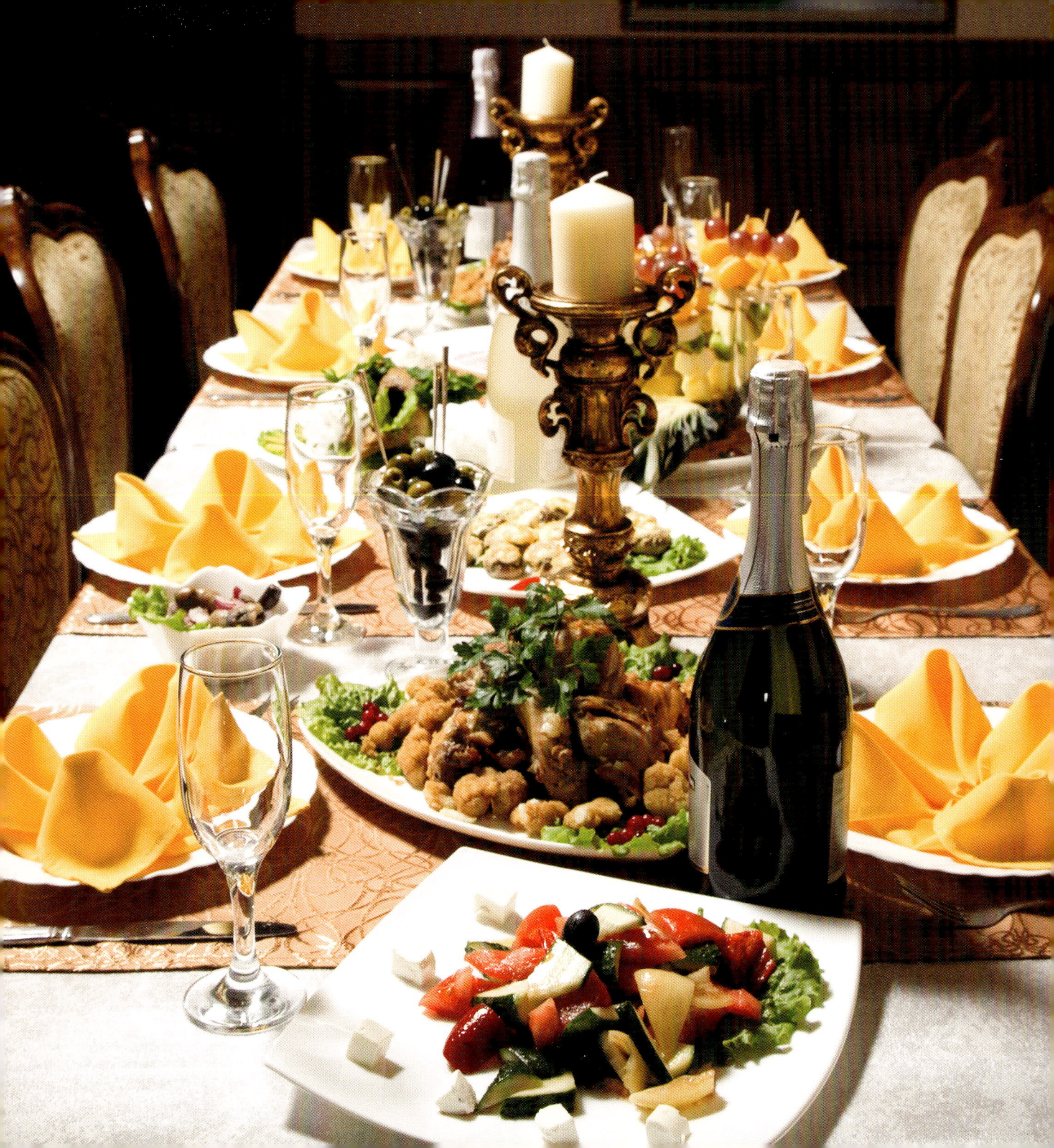

JESUS – „DER FRESSER UND SÄUFER"

„Der Menschensohn ist gekommen, er isst und trinkt; darauf sagt ihr: Dieser Fresser und Säufer, dieser Freund der Zöllner und Sünder!" (Lk 7,34)

Starke Worte über den, dessen Armut und Entäußerung immer wieder hervorgehoben werden. Passt das überhaupt zu Jesus - dieses scheinbare Unmaß? Es passt; denn Maß halten heißt nicht, ein Kostverächter zu sein.

Sonst hätte Jesus ja den Schöpfer unglaubwürdig gemacht, der den Menschen am Anfang in den prächtigen Garten Eden gesetzt und ihm alles zur Nahrung gegeben hat, was dort wuchs. Der Mensch wurde nicht zur Armut geschaffen sondern zur Fülle des Lebens.

So war auch Jesus kein Asket und hat gerne an Gastmählern teilgenommen, bei denen sicher auch Wein getrunken wurde, Ausdruck der Lebensfreude und des Genusses.

Worauf es ankommt, hat Theresia von Avila gut beschrieben mit ihrer Devise: *„Wenn Rebhuhn dann Rebhuhn, wenn Fasten, dann Fasten."*

Jesus hat 40 Tage gefastet und dabei seine Berufung erkannt, aber dann hat er auch gegessen und getrunken, wenn er eingeladen wurde. Er war immer ganz bei der Sache, und das ist wichtig. Bei ihm durften die Menschen durchaus auch einmal „in die Vollen gehen" so wie Maria von Bethanien, die seine Füße mit einer Fülle kostbaren Öls salbte. Und als Judas Iskariot kritisierte, das sei Verschwendung, man hätte das Geld auch den Armen geben können, sagte Jesus: *„Die Armen habt Ihr immer bei Euch, mich aber habt Ihr nicht immer bei Euch."* (Jo 12,8)

Ähnlich beschied er die Frage, warum seine Jünger nicht fasteten, mit der Antwort: *„Können denn die Hochzeitsgäste fasten, solange der Bräutigam bei ihnen ist?"* (Mk 2,19)

Alles zu seiner Zeit.

So ist ein Gläschen Wein am Abend eine gute Möglichkeit, den Stress des Arbeitsalltags von sich abgleiten zu lassen und ganz zur Ruhe und zu sich selber zu kommen.

Und wenn aus gegebenem Anlass gefeiert wird, dann sollen auch die Gläser klingen dürfen als Ausdruck der Freude am Leben und an der Gemeinschaft mit Freunden.

*„Iss freudig Dein Brot
und trink vergnügt Deinen Wein;
denn das, was Du tust,
hat Gott längst so festgelegt,
wie es ihm gefiel."* (Koh 9,7)

« *Zum Festmahl bereit*

S. IOHANNES

DER WEIN UND DAS GIFT

Wie die Legenda aurea des Dominikaners Jacobus de Voragine, das im Mittelalter am meisten gelesene religiöse Volksbuch, erzählt, wollte der Jünger Johannes im Artemis-Tempel in Ephesus nicht opfern.

Aristodemus, der Oberpriester des Tempels, wollte nach Unruhen – die Goldschmiede fürchteten Verluste beim Verkauf ihrer Diana-Amulette – Johannes veranlassen, doch zu opfern, andernfalls müsse er das Gift trinken, an dem zwei Verbrecher vor seinen Augen schon gestorben waren. Johannes schlug das Kreuz über dem Kelch, das Gift entwich als Schlange – die Schlange aus dem Paradies lässt grüßen! – er trank ohne zu sterben, warf seinen Mantel auf die Verbrecher und diese erwachten zum Leben, worauf Aristodemus sich bekehrte.

Das ist ja noch einmal gut gegangen, aber Wein und Gift sind tatsächlich eine teuflische Mischung, die das Getränk des Lebens und der Liebe in ein Getränk des Todes verwandelt. Wie viele Menschen ihr im Laufe der Geschichte schon zum Opfer gefallen sein mögen?

Wie oft wurden Leben und Liebe, Freude und Fest schon vergiftet durch Hass und Eifersucht, Neid und Gier, Wut und Zorn und alle möglichen negativen Gefühle, Einstellungen und Verhaltensweisen.

Johannes setzt den Segen dagegen, und siehe da: das Gift entweicht.

Wenn das so einfach wäre! Aber falsch ist es auch nicht; denn wenn das Böse nur ein Mangel an Gutem ist, wie Thomas von Aquin meint, dann wird es nicht dadurch besiegt, dass es bekämpft wird sondern dadurch, dass Gutes an seine Stelle rückt.

Tiere, die hungrig sind, werden aggressiv, weil sie nichts zu fressen haben. Wenn sie zu fressen bekommen, werden sie ruhig. So einfach ist das. Ist es bei Menschen anders? Wenn sie böse werden, ist das sicher ein Zeichen, dass ihnen etwas fehlt, vor allem die Liebe.

„Seid alle eines Sinnes", schreibt Petrus in seinem ersten Brief, *„voll Mitgefühl und brüderlicher Liebe, seid barmherzig und demütig! Vergeltet nicht Böses mit Bösem noch Kränkung mit Kränkung! Statt dessen segnet; denn Ihr seid dazu berufen. Segen zu erlangen."* (1 Petr 3, 8-9)

Johannes ist ein Weinpatron, und an seinem Fest am 27. Dezember ist es vielerorts üblich, Wein zum Gottesdienst zu bringen und segnen zu lassen. In manchen Gemeinden hat man die Flaschen sogar noch in der Kirche geöffnet und einander zugeprostet mit dem Ruf: „Trink die Minne des Hl. Johannes!"
Das wär's doch: Liebe trinken und so das Böse überwinden, oder?

« *Der Jünger Johannes von Hans Stiegler aus Prag in der Amanduskirche von Beihingen*

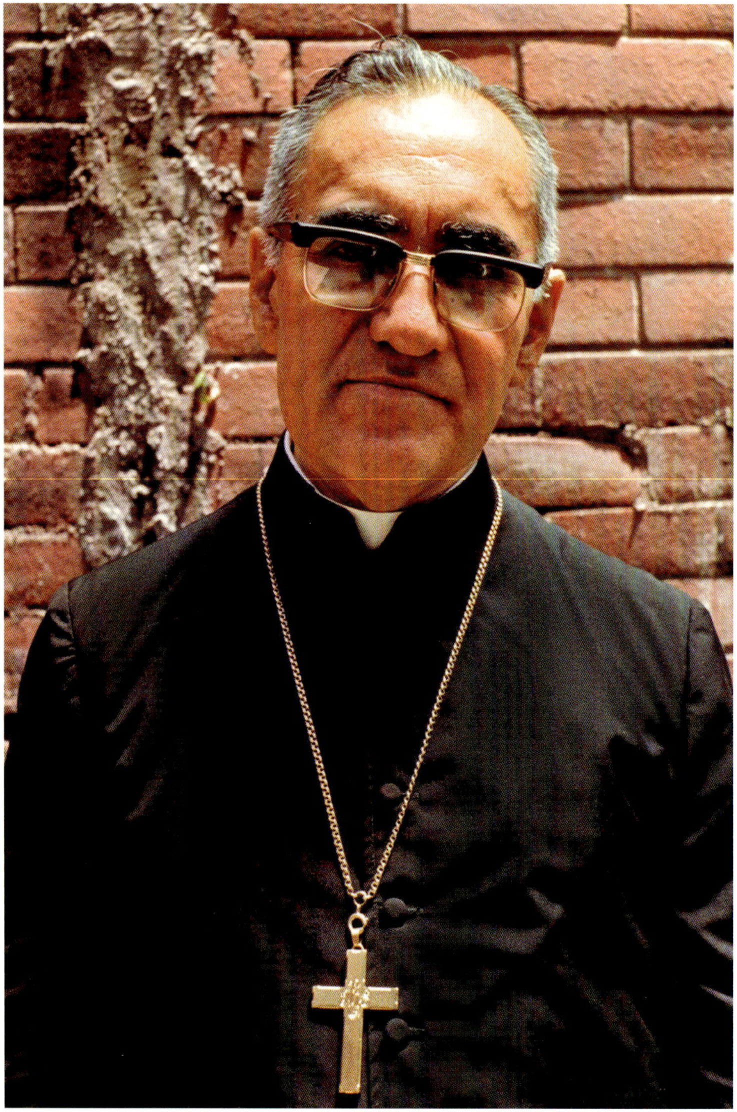

DEN KELCH TRINKEN

Wohl weil der Wein so inhaltsreich ist, den typischen Geschmack der Erde einer konkreten Weinlage in sich aufgenommen und die Sonne und den Regen eines bestimmten Jahrgangs aufgesogen hat, weil er eine so wechselvolle Geschichte aufweist, bei der er auch von der Kunst eines bestimmten Kellermeisters geprägt wurde, weil er einen so facettenreichen Geschmack entfaltet und seine Wirkung auf Leib und Seele nicht lange auf sich warten lässt, hat das Wort vom Kelch (mit Wein) trinken besondere Bedeutung bekommen.

Wer den Kelch mit Wein trinkt, trinkt eine Geschichte und ein Programm, er lässt sich mitnehmen auf einen Weg, setzt sich einer Wirkungsgeschichte aus, lässt sich von einer bestimmten Stimmung, einem konkreten Inhalt ergreifen im positiven wie im negativen Sinn. So sprechen wir vom Kelch der Freude aber auch vom Kelch des Leids. Das alte Testament spricht oft vom Zornwein Gottes, den die Frevler trinken müssen, aber auch vom Wein der Weisheit, die uns Menschen einlädt: *„Trinkt vom Wein, den ich mischte!"* (Spr 9, 5)

Jesus redet mehrmals vom Kelch seines Leidens. So fragt er die ehrgeizigen Zebedäussöhne: *„Könnt Ihr den Kelch trinken, den ich trinken werde?"* und am Ölberg fleht er zum Vater: *„Vater, wenn Du willst, nimm diesen Kelch von mir!"*

Jesus hat den Kelch getrunken, den Kelch des Leides, der in seiner Tiefe ein Kelch der Liebe war, wie schon beim Abendmahl deutlich wird: *„Trinkt alle daraus; das ist mein Blut, das Blut des Bundes, das für viele vergossen wird zur Vergebung der Sünden."*

Wer diesen Kelch trinkt, trinkt nicht nur die Liebe Jesu, sondern auch sein Programm. Ob wir uns dessen immer bewusst sind?

Oscar Romero, der bekannte Erzbischof und Märtyrer von San Salvador, der sich so sehr für die Armen und Entrechteten eingesetzt hat, hat ihn getrunken. Am 24. März 1980 wurde er bei der Gabenbereitung während der Hl. Messe erschossen. In einem Film über ihn hebt er gerade den Kelch hoch, als es passiert – ein Zeichen? Als er wenig zuvor im gleichen Jahr die Ehrendoktorwürde der Universität Löwen verliehen bekam, sagte er in seiner Ansprache:

„Es gibt viele Menschen und Christen in El Salvador, die bereit sind, ihr Leben zu geben, damit die Armen Leben haben. Darin folgen sie Christus und machen ihren Glauben an ihn sichtbar. Sie sind eingefügt in die Welt – wie er, sie werden verfolgt und bedroht – wie er, sie geben ihr Leben – wie er, und so geben sie Zeugnis vom Wort des Lebens." Oscar Romero

« *Erzbischof Oscar Romero †, San Salvador*

REBSTOCK UND WEIN
– ZEICHEN DES HEILS

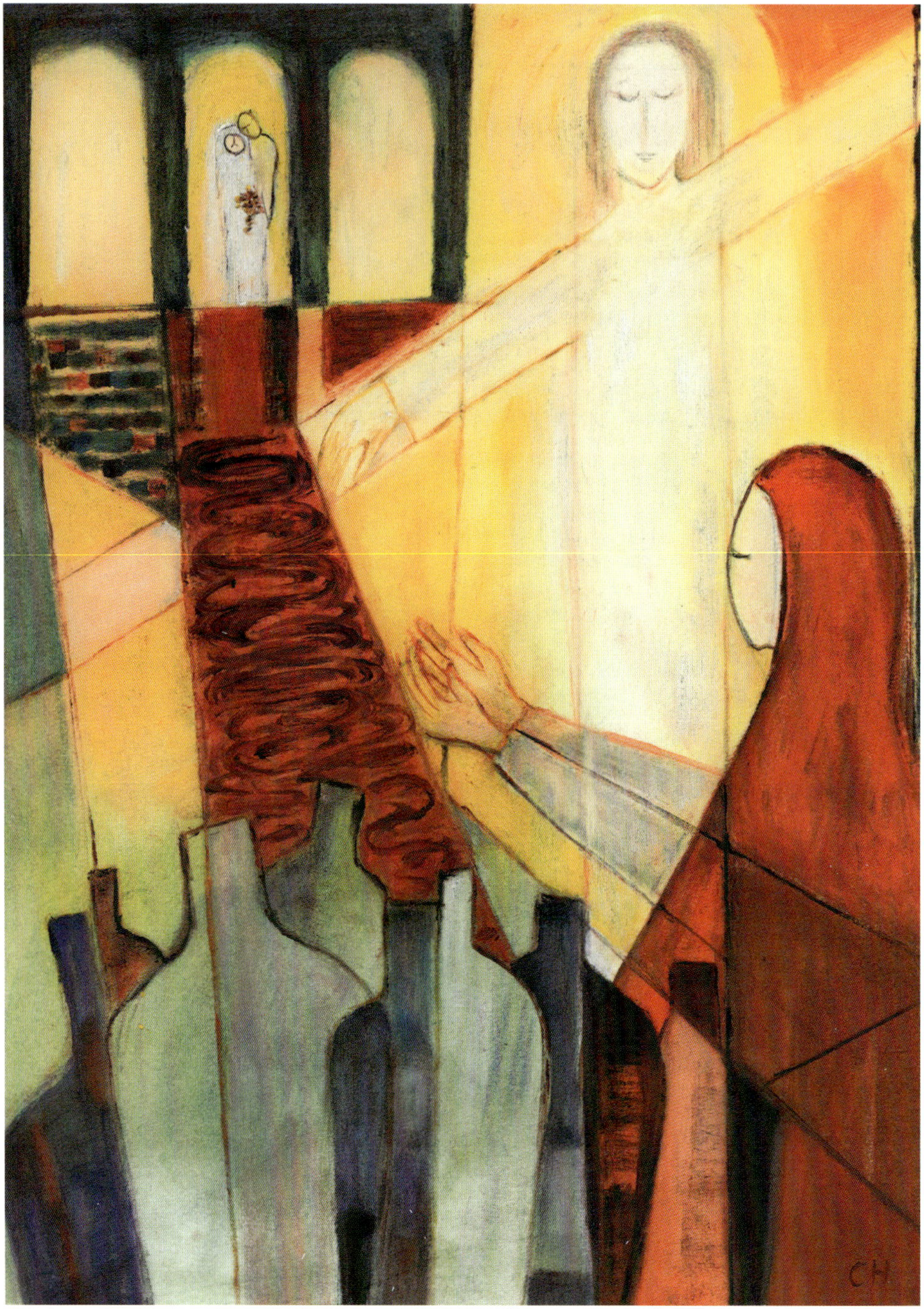
CH

DIE HOCHZEIT VON KANA – DER LEBENSENTWURF JESU

Hochzeit – was für ein Traum! Das Fest der Liebe zwischen Mann und Frau, ein Fest des Lebens und des Glücks. Was lässt sich Schöneres denken? Nicht umsonst heißt sie so die „Hoch-Zeit"

Kein schöneres Bild konnte Jesus wählen, um das Glück der Verbindung Gottes mit seinem Volk darzustellen. Darum geht er im Johannesevangelium als erstes zu einer Hochzeit in Kana. Aber dort droht das Fest zu kippen: der Wein ist all, will sagen: die Liebe ist weg, die Gesichter werden lang so wie bei vielen Paaren und Menschen, denen die Liebe abhanden gekommen ist.

Erich Kästner beschreibt es treffend in seiner sachlichen Romanze:
„Als sie einander acht Jahre kannten
(und man darf sagen sie kannten sich gut),
kam ihre Liebe plötzlich abhanden.
Wie andern Leuten ein Stock oder Hut."

So kann es aber nicht nur in der Beziehung zwischen Mann und Frau sein, so ist es immer wieder in der Beziehung der Menschen zueinander: die Liebe ist fort, und dann gibt es nur noch Streit, Hass und Krieg.

So steht Jesus, der eigentliche Bräutigam bei dieser Hochzeit von Kana, vor seinem Volk, seiner Braut, die die Liebe verloren hat. Seine Mutter bittet ihn um Hilfe. Er aber will zunächst nicht. Warum? Weil seine Stunde noch nicht gekommen ist, die Stunde am Kreuz nämlich, in der sich die ganze unerschöpfliche Liebe Gottes über die Menschen ergießt und sie wieder liebesfähig macht.

Wie eine Vorwegnahme dieser Stunde – auf unserem Bild angedeutet durch die Kreuzesform der Haltung Jesu – wirkt es dann, wenn Jesus doch reagiert und die 600 bereit gestellten Liter Wasser in Wein verwandelt und damit zum Ausdruck bringt: Ich bin gekommen, um Euch die Liebe wieder zu schenken, die Ihr verloren habt – in unerschöpflicher Fülle und überragender Qualität.

Und davon profitieren wir noch heute, wie Hieronymus einem kleinen Jungen klarmacht, der ihn fragte: *„Warum hat Jesus so viel Wasser in Wein verwandelt, das konnten die Hochzeitsgäste damals doch gar nicht getrunken haben?" „Das war schon richtig so"*, antwortete ihm der Kirchenvater, *„denn wir trinken heute noch davon."*

Gebet
Oh Gott, Du weißt, wie es in dieser Welt zugeht, die Du aus Liebe erschaffen hast: Tod und Teufel scheinen weithin das Regiment zu führen, von Liebe oft keine Spur.
Aber doch: es gibt sie die Liebe. Wir haben sie erkannt an Deinem Kreuz und entdecken sie in unzähligen kleinen und großen Gesten und Werken vieler Menschen.
Gib uns Augen sie zu sehen, gib uns ein Herz, das sich von ihr entflammen lässt und gib uns den Mut sie zu leben mitten im Hass, mitten im Streit; denn wir wissen: nur die Liebe zählt. Amen.

« *Hochzeit von Kana, Handbild von Christel Holl*

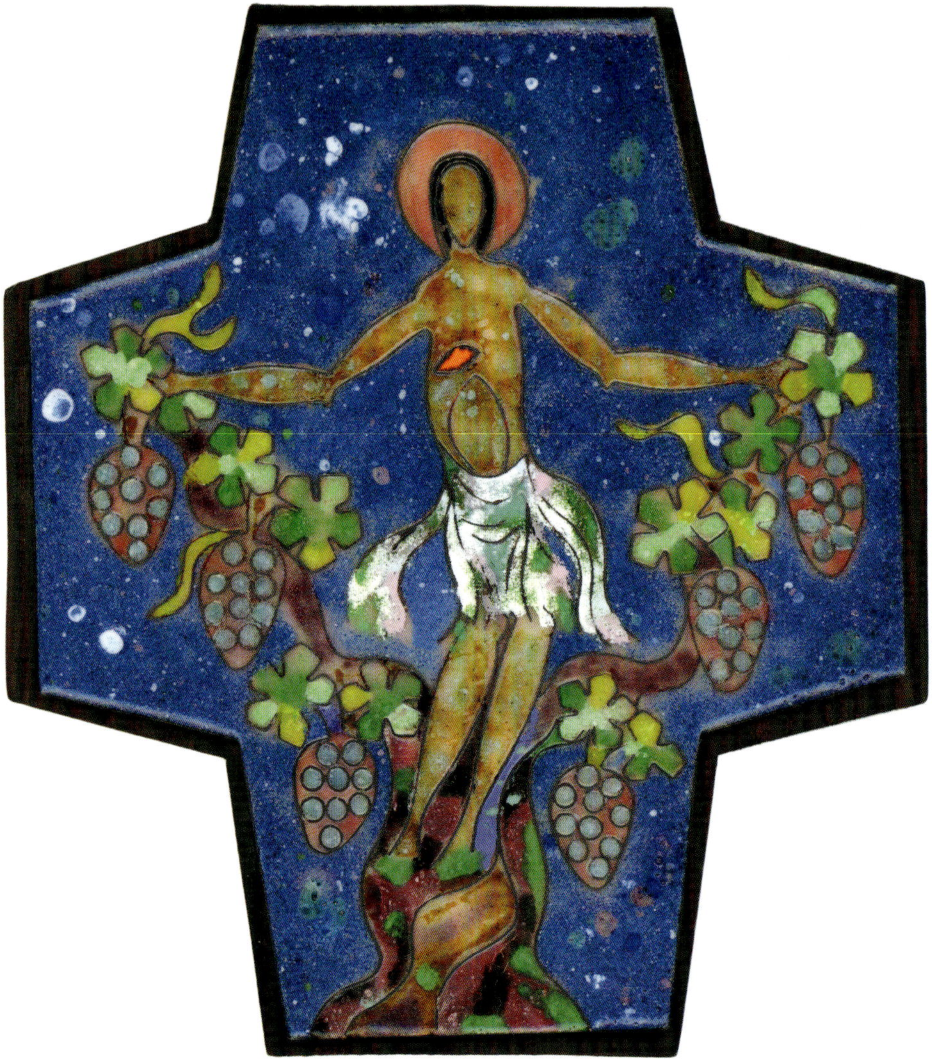

DER BAUM DES LEBENS GANZ NEU

„Vater, die Stunde ist da. Verherrliche Deinen Sohn, damit der Sohn Dich verherrlicht." (Joh 17,1)

Jetzt ist für Jesus die Stunde gekommen, die bei der Hochzeit von Kana symbolisch gegebene Verheißung einzulösen und in seiner Hingabe am Kreuz die Schleusen der unendlichen Liebe Gottes zu öffnen, den „guten Wein" einzuschenken, der das Fest der Hochzeit rettet, der Hochzeit zwischen Gott und den Menschen.

Kein Wunder, dass gerade hier in der künstlerischen Darstellung des Kreuzes immer wieder der Weinstock auftaucht, der Baum des Lebens aus dem Paradies ganz neu.

Er ist uns im Verlauf der Heilsgeschichte oft begegnet: bei Noah und dem Neubeginn des Lebens nach der Sintflut, als Verheißung im Blick auf das gelobte Land, im tragischen Verhalten des Volkes Israel, das sich dem Leben verweigert und die erwarteten Früchte nicht bringt und schließlich in der Person Jesu Christi, der sich mit ihm identifiziert und neues Leben schenkt.

Am Kreuz hat Jesus dem Leben endgültig zum Durchbruch verholfen, seine radikale und konsequente Liebe hat allen Qualen zum Trotz den Tod besiegt und sich in unzerstörbares Leben verwandelt. Vielleicht hat Pfarrer Matthes den Weinstock darum in Gestalt eines Siegeszeichens (V) dargestellt und den Gekreuzigten so gelöst und leicht, bereit zur Auffahrt in den Himmel an die Seite des Vaters.

Und so bewahrheitet sich, was schon die alten Christen wussten:

UBI CRUX, IBI LUX – Wo Kreuz, da Licht!

Im Kreuz ist Heil, im Kreuz ist Leben, im Kreuz ist Hoffnung.

Und auch der alte römische Spruch gewinnt eine ganz neue Qualität:

IN VITE VITA – im Weinstock, da ist Leben!

« *Weinstockkreuz von Pfarrer Hermann Mathes*

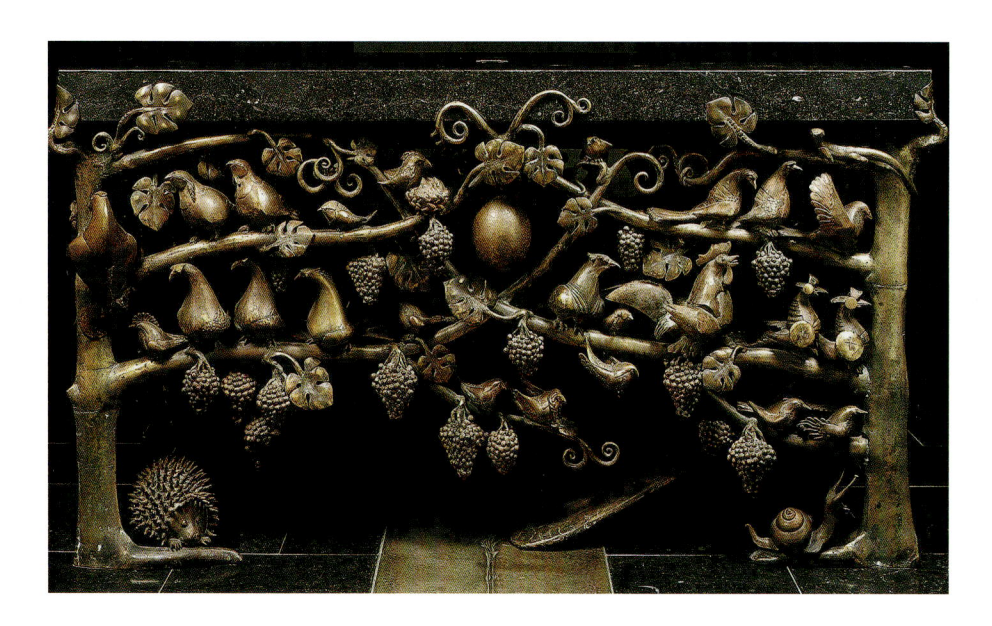

Westseite

Ostseite

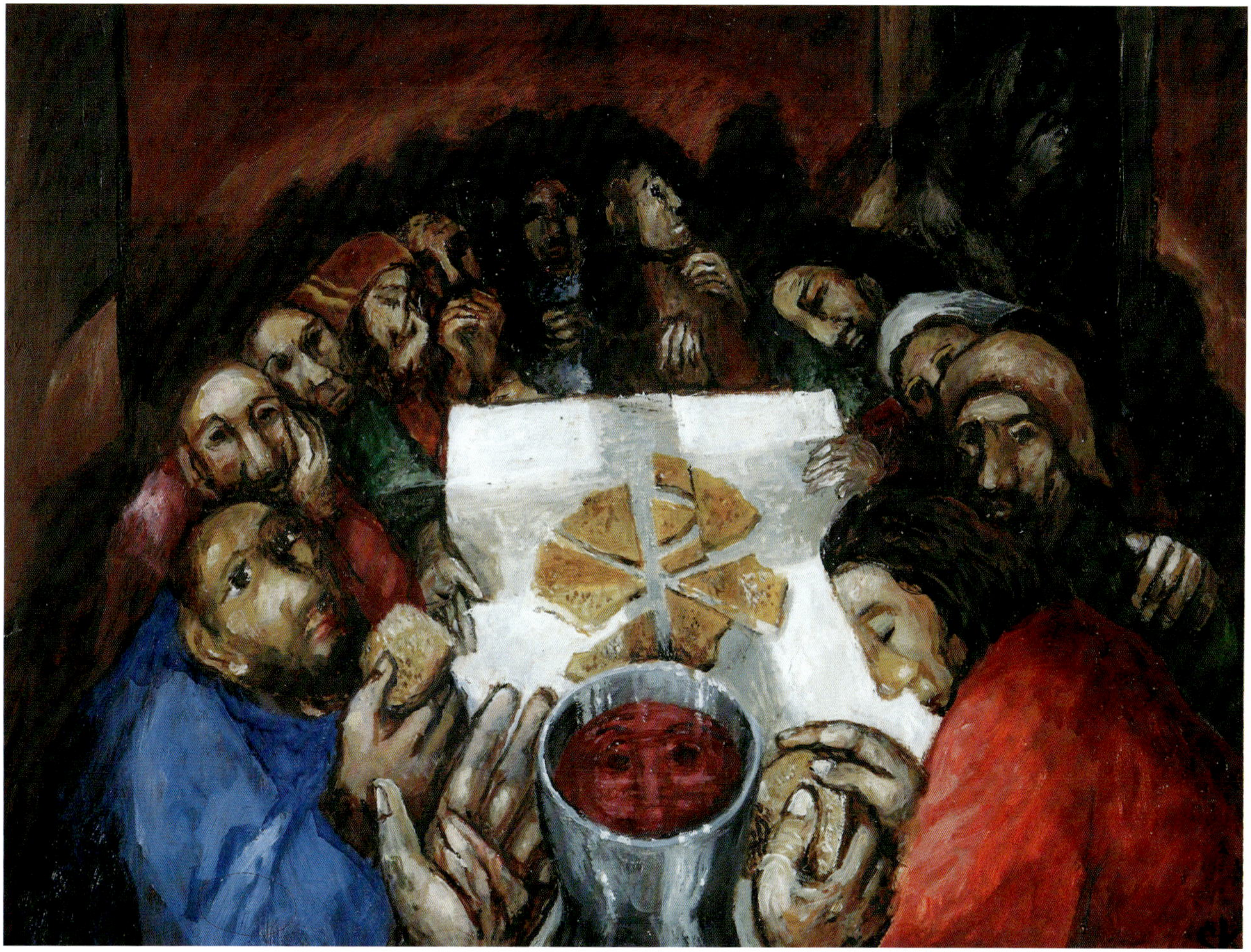

LEBEN IM BAUM DES LEBENS

Dieses Leben wird in der Kunst nicht nur durch die Früchte dargestellt, die der Weinstock bringt, sondern auch durch das Leben, das sich in seinen Ranken entfaltet. Sehr schön ist das am Bronzealtar von Gernot Rumpf im St. Viktors-Dom in Xanten zu sehen, der als Rebstock gestaltet ist. 76 Tiere tummeln sich in seinen Zweigen, alle ganz verschieden voneinander und ganz eigen in ihrem symbolischen Ausdruck.

Die ganze Gemeinde findet da ihren Platz in ihrer Vielfalt mit ihren guten und schlechten Seiten: solche, die das Wort Gottes hören und es weitergeben, auch Gläubige verschiedener Konfessionen, und solche, die noch verfangen sind in Eitelkeit und Geldgier. Die Dornenkrone auf der Seite des Priesters erinnert an die Erlösung am Kreuz und das Straußenei auf der Seite zur Gemeinde hin an die Auferstehung.

Alle begegnen hier dem Schlüssel ihres Lebens, sie finden Heil und Heilung und werden so selber zu Zeugen des Lebens.

Dieses überaus rege Treiben im Weinstock veranschaulicht, was Jesus bei Johannes sagt: „Ich bin gekommen, dass sie das Leben haben und will, dass sie es in Fülle haben" (Joh 10, 10).

Gebet
Herr, in Dir leben wir auf,
frei von allem, was drückt und bedrückt;
denn Du heilst unsere Wunden und
vergibst unsere Schwächen und Sünden.
Du schenkst uns Deine Liebe
und gibst uns Kraft und Mut.
Du hast Platz für uns alle und
durch Dich sind wir verbunden
zu lebendiger Gemeinschaft.
Bei Dir sind wir zu Hause –
heute – morgen – immer.
Wir sind froh und danken Dir. Amen

« *Der Xantener Altar von Prof. Gernot Rumpf als Rebstock voller Leben*

DAS ABENDMAHL

„*Wir trinken heute noch davon*", sagte Hieronymus, als es um die Überfülle des Weins bei der Hochzeit von Kana ging.

Ja, wir trinken heute noch von diesem Wein der Liebe Gottes bei jeder Feier der Eucharistie, die nichts anderes ist als das Hochzeitsmahl Gottes mit uns Menschen.

So vieles kommt da zusammen:

- Brot und Wein, Früchte der Erde und der menschlichen Arbeit – das ganze Leben von uns Menschen steckt da drin und dann – nach der Wandlung – das ganze Leben und Wirken, das Leiden und Sterben, die Auferstehung und Erhöhung Jesu Christi, des Gottessohnes, dessen Antlitz Sieger Köder darum auch in den Kelch mit Wein hinein gemalt hat. So wie wir sind, nehmen wir ihn in uns auf, um uns von ihm verwandeln zu lassen.

- Annahme und Verwandlung geschehen hier. Nichts kann sich ändern, meint C. G. Jung, das nicht angenommen wurde. Jesus hat uns angenommen; unsere Natur, unser Leben und Leiden, ja sogar unsere Sünden – wir sind ganz und gar angenommen, und nur so können wir uns in ihn hinein verwandeln bis zu dem Punkt, dass Paulus sagt: nicht mehr ich lebe, Christus lebt in mir.

- Gemeinschaft entsteht; denn in der Kommunion mit ihm erfahren wir die innigste Verbindung mit ihm, und dadurch untereinander. Durch ihn werden wir zu innigster Gemeinschaft verbunden: Männer und Frauen, Griechen und Juden, Schwarze und Weiße, Gerechte und Sünder, Mächtige und Niedrige. Darum geht es nicht, dass hier noch einer etwas gegen den anderen hat, dass er den im Stich lässt, der in Not ist. Wir sind Brüder und Schwestern, Glieder einer Familie.

Nicht ausdenkbar, wie schön und friedlich es in unserer Welt wäre, wenn die ganze Menschheit an diesem Tisch sitzen würde.

Sie wird es einmal – das ist unsere Hoffnung – beim Hochzeitsmahl des ewigen Lebens, das uns trunken machen wird vor Freude und Glück.

Während des Mahls nahm Jesus das Brot und sprach den Lobpreis; dann brach er das Brot, reichte es den Jüngern und sagte: *„Nehmt und esst; das ist mein Leib. Dann nahm er den Kelch, sprach das Dankgebet und reichte ihn den Jüngern mit den Worten: Trinkt alle daraus; das ist mein Blut, das Blut des Bundes, das für viele vergossen wird zur Vergebung der Sünden."* (Mt 26, 26-28)

« *Das Abendmahl von Sieger Köder*

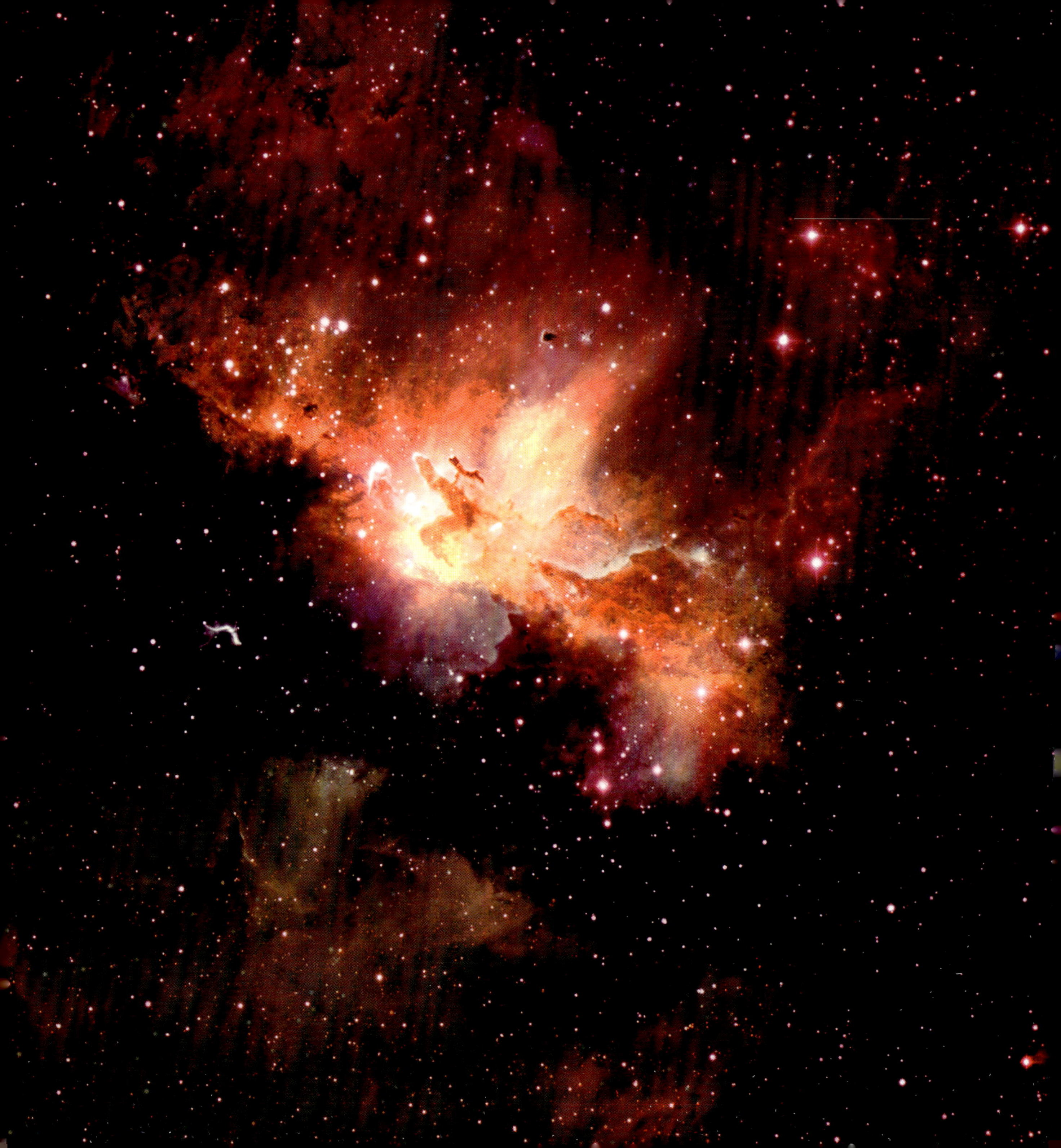

DER HIMMEL

Wein kann selig machen und bewirken, dass Menschen sich im siebten Himmel fühlen. Das klingt auch in manchen Weinlagen der Pfalz an, etwa im „Ranschbacher Seligmacher", im „Herxheimer Himmelreich" oder auch im „Maikammerer Heiligenberg".

Tatsächlich ist der Wein ein himmlisches Getränk, was die Propheten und auch Jesus selbst bestätigen:

„Der Herr der Heerscharen wird auf diesem Berg allen Völkern ein Mahl bereiten mit feinsten Speisen, ein Gelage mit edelsten Weinen. Er vernichtet auf diesem Berg die Hülle, die alle Nationen verhüllt und die Decke, die alle Völker bedeckt. Er vernichtet den Tod für immer und wischt die Tränen aus jedem Gesicht."
(Jes 25,6)

„An jenem Tage triefen die Berge von Wein …"
(Joel 4,18)

Jesus selbst: *„Von nun an werde ich nicht mehr von der Frucht des Weinstocks trinken, bis zu dem Tag, an dem ich von neuem davon trinke im Reich Gottes."* (Mk 14,25)

Das ist ja auch klar; denn wenn der Wein wirklich ein Symbol der Liebe ist, wäre es sehr verwunderlich, wenn er im Himmel fehlen würde; denn ohne Liebe wäre der Himmel kein Himmel.

Die Künstler haben sich oft sehr schwer getan, den Himmel darzustellen, bei der Hölle war das offensichtlich viel einfacher. Und wenn in Anekdoten vom Himmel die Rede ist, dann leider oft nur wie von einer langweiligen Wirklichkeit, geprägt vom ewigen Halleluja-Gesang der Engel und Heiligen.

Der Wein aber ist da schon viel ausdruckskräftiger; denn er sagt uns: wir werden berauscht und trunken sein vom Erleben Gottes, glücklich eben für immer, wie es der Dichter Novalis so schön besingt. Freuen wir uns darauf!

Getrost das Leben schreitet
zum ew'gen Leben hin,
von innrer Glut geweitet
verklärt sich unser Sinn.
Die Sternenwelt wird zerfließen
zum goldnen Lebenswein,
wir werden sie genießen
und lichte Sterne sein.

Die Lieb' ist freigegeben,
und keine Trennung mehr.
Es wogt das volle Leben
wie ein unendlich Meer.
Nur eine Nacht der Wonne –
ein ewiges Gedicht –
und unser aller Sonne
ist Gottes Angesicht.
Novalis

« *„Die Sternenwelt wird zerfließen zum goldnen Lebenswein"* (Novalis)

BILDNACHWEISE

Autor und Verlag bedanken sich herzlich für die Abdruckrechte folgender Bilder:

Titelbild, 64	© Verlag | Emaille von Pfarrer Hermann Mathes, Privatbesitz
10, 32, 40, 52	© Maria Schwartz, Maikammer
12	© Weingut J. und A. Spieß, Inh. Bruno Spieß, Kirrweiler
14, 18	© Rebschule V & M Freytag GbR, Neustadt an der Weinstraße
16, 22, 30, 42	© Autor
18	© Inge Weber, Fußgönheim | inge.weber@pfalzbilder.de
20, 68	© Creative Collection
24	© Weingut Mesel, Bad Dürkheim
26	© Heilbronn Marketing GmbH, Heilbronn
28	© Creative Collection | OJC e.V., Reichelsheim: Emaille von Josua und Kaleb von Prof. Elisabeth Weissgerber
36	© Stift Melk, Augustin Baumgartner, Graz
38	© Roland Peter Litzenburger
46	© Ad lumina – Ralf Ziegler / Pfalzwein e.V
48	© Robert Dieth | Pfalzwein e.V
50	© fotolia.de, Howgill
54	© Forewer – Fotolia.com
56	© Andreas Bührer aus Freiberg a.N., Beihingen
58	© Octavio Duran, CNS
62	© Christine Holl, RPA Verlag GmbH, Landshut
66	© Kath. Propstei St. Viktor, Xanten
68	© Sieger Köder, Abendmahl
70	© depositphotos.com, richter1910